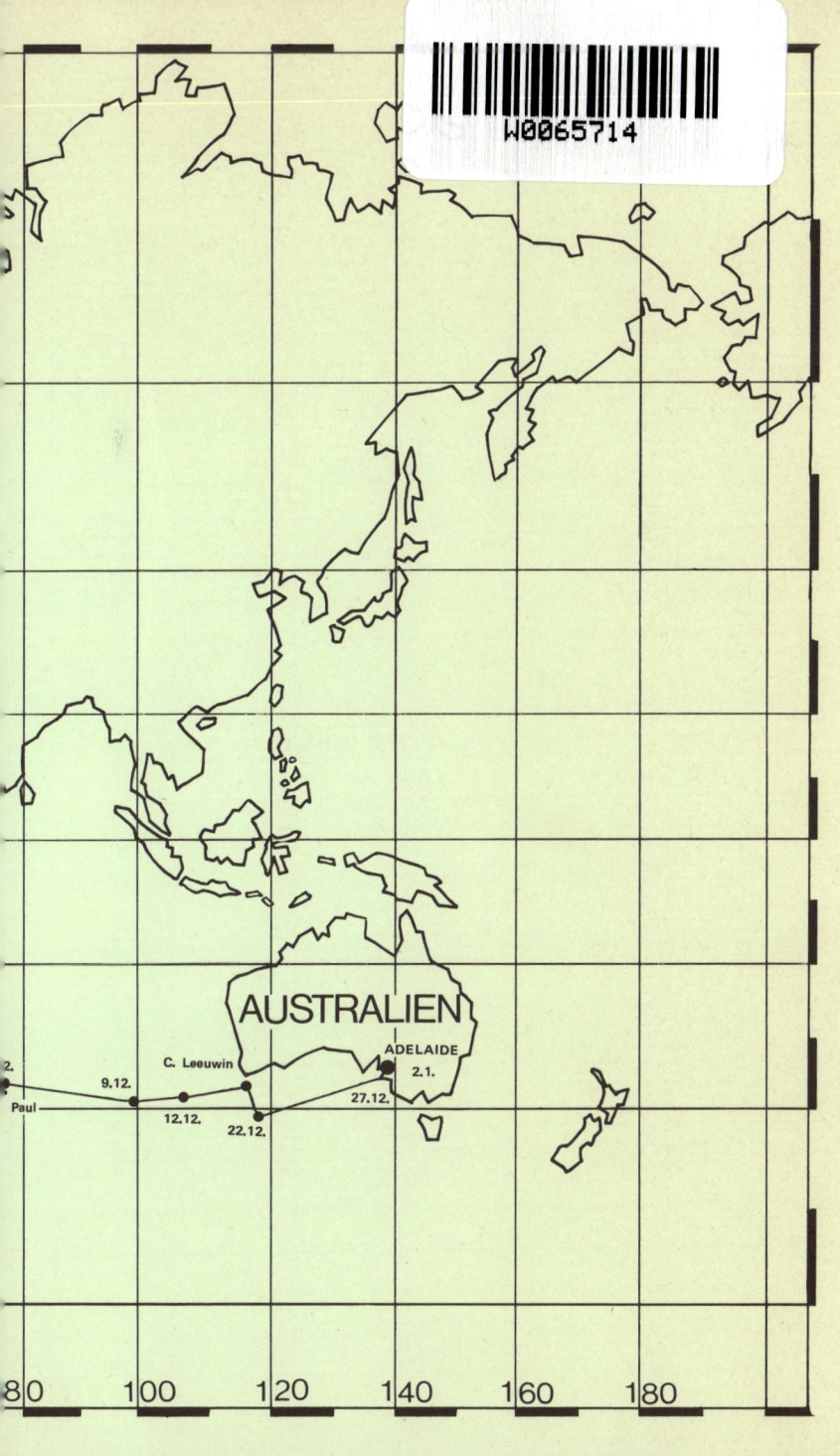

Dirk M. Hahn — Zebra

DIRK M. HAHN
Kapitän der

ZEBRA

die Reise mit Auswanderern
von Altona nach Port Adelaide
Süd-Australien 1838

herausgegeben und eingeleitet von
Martin Buchhorn

Übertragung aus der Handschrift und
textkritische Anmerkungen von
Frank Rainer Huck

PENDO

Meinen australischen Freunden.
Besonders aber
Shelley und Nancy, Julia und Joe,
Terry, Gy, Mandy, Horst, Beate, Andrew
und Lee Kersten,
die mir mit Rat und Tat
sehr bei diesem Buch geholfen hat.

Typographie: Bernhard Moosbrugger
Satz und Lithos: Fosaco AG, CH-8363 Bichelsee
Druck und Einband: Kösel GmbH, Kempten
© copyright by pendo-verlag, Zürich 1988
ISBN 3 85842 147 2

Inhalt

Australien — Land der hoffnungslosen Möglichkeiten? (Vorwort)

Ich habe Australien entdeckt. Das war 1978. Australien hat mich erobert. Das hat einige Jahre gedauert.

Die erste Ankunft in Australien war eine Enttäuschung. Ich hatte eine feste Vorstellung von dem Land, die sich zusammensetzte aus den Phantasien und Wünschen eines relativ zufriedenen Westeuropäers und Shelleys Erzählungen. Shelley hatte vor zehn Jahren, mit neunzehn und ihrem Freund Terry, der nicht länger Polizist sein wollte, ihren Traum von Europa verwirklicht. Sie tanzte bei John Cranko in Stuttgart. Ein Jahr später, nach Crankos Tod, lernte ich Shelley kennen, die gerade ein neues Engagement am Heidelberger Theater angenommen hatte. Ich half Shelley beim Umzug. Terry arbeitete inzwischen in London. In den folgenden Jahren beschränkte sich unsere Beziehung mehr und mehr darauf, dass ich ihr bei ihren Umzügen half: von Heidelberg nach London, von dort nach Köln und so weiter. Ich war ihre neue Heimat und sie mein Traum von einem neuen Leben in einem neuen Land. Kurz vor meiner ersten Ankunft in Australien, heirateten wir — zu einem Zeitpunkt, als von uns beiden eigentlich keiner mehr daran dachte.

Shelley war eine grosse Tänzerin und eine schöne Frau. Beides ist in Australien selten.

Shelleys Einstellung zu Australien änderte sich in ihren letzten Jahren in Europa fast unmerklich. Ihre Reise damals in die alte Welt war eine Flucht gewesen vor vermeintlicher Enge, gesellschaftlicher Grobschlächtigkeit und künstlerischer Eingeschränktheit. Sie erzählte in den ersten Jahren von Australien immer so, als sei sie einer Kulturwüste entronnen. Schon damals fiel mir auf, dass die Australier, die ich mittlerweile kannte, wenig Interesse an ihrem Land haben und kaum mehr als die Städte kennen, in denen sie gelebt hatten. Lange Zeit hat Australien für Shelley praktisch nicht mehr existiert, sie fuhr nie nach Hause, aber sie pflegte einen intensiven Briefwechsel mit ihrer Mutter Nancy, die mit der Grossmutter in Melbourne lebte. Der Vater hatte die Familie verlassen als Shelley noch ein kleines Kind war und sich nie mehr gemeldet. Über ihn sprachen die drei Frauen kein einziges Wort, und als Shelley viel später hinter dem Rücken ihrer Mutter endlich die Adresse des Vaters ausfindig gemacht hatte, erfuhr sie, dass er kurz zuvor gestorben war.

Shelleys Veränderung merkte ich an ihrem Erzählen. Sie begann Details ihres Lebens zu schildern, die sie vorher nie erwähnt hatte. Sie beschrieb auf einmal Örtlichkeiten, Strassen und Menschen und die Natur. Sie redete von ihrer grossen Verwandtschaft, die teilweise auf Farmen lebte und von einer ihrer Tanten, die ähnlich wie sie, als junges Mädchen Australien verlassen hatte und unglücklich in Miami lebte.

Shelley hatte Heimweh und gab es nicht zu. Dann fuhr sie über Weihnachten nach Hause und kam begeistert zurück. Man hatte ihr offiziell das Angebot gemacht, für die Bundesstaaten Victoria und Südaustralien ein Ballettensemble für Modern Dance mitaufzubauen. Ich riet ihr, die Chance, in ihrem Land neu anzufangen, zu nutzen, ihre europäischen Erfahrungen einzubringen. Unsere Bindung hatte eigentlich immer von Trennungen und Distancen gelebt, und Australien zog mich inzwischen unwiderstehlich an. Warum sollte ich nicht versuchen, dort zu leben, nachdem sie zehn Jahre in Europa gelebt hatte.

Ich erledigte alle Aus- und Einwanderungsformalitäten. Es funktionierte reibungslos, allerdings stellte ich dabei fest, dass ich ohne die Ehe mit einer Einheimischen absolut keine Chancen gehabt hätte, Australien jemals als Einwanderer zu betreten. Der von der australischen Regierung nach wirtschaftlichen Bedürfnissen erstellte Eignungskatalog öffnet die Tore nur Handwerkern, Technikern und Ingenieuren ausgesuchter Berufe. Akademikern geisteswissenschaftlicher Fächer bleibt der gelobte Fünfte Kontinent als Lebensraum ebenso verschlossen wie Künstlern und Abenteurern. Das liegt in der Natur des Landes. Eine Neue Welt befindet sich eben im Aufbau und Aufbruch, und da sind kräftige Frauen und Männer mit entsprechendem Können gefragt und keine Bequemlichkeit suchende Denker oder Phantasten.

Shelley und ich hatten abgesprochen, dass ich mich einige Monate dort umsehen wollte, um dann zu entscheiden, was weiter geschehen sollte. Wir beide konnten nicht ahnen, dass Australien den Einwanderer total in Besitz nimmt und allem anderen, der Heimat, den Erinnerungen und der mitgebrachten Frau zunächst einmal keine Chance lässt. Daraus erwächst entweder Liebe oder Hass. Für mich wurde Australien zu einem Land, in das ich mich hoffnungslos verliebte. Das hat allerdings — wie schon erwähnt — einige Jahre gebraucht. Die erste Ankunft in Australien war jedenfalls eine Enttäuschung.

Der Flug dauert von Frankfurt aus etwa fünfundzwanzig Stunden. Es war August und das heisst für Australien: Regenzeit, die die Australier auch Winter nennen. Zwischenlandungen in Bahrein am Persischen Golf, in Colombo und Singapore. Man muss die Maschine jeweils für eine knappe Stunde verlassen und drückt sich immer müder werdend in den Transithallen herum. Am Golf ist's Nacht und kalt, in Colombo und Singapore ist Tag und Nacht und die Luft schlägt einem wie ein warmer, nasser Lappen ins Gesicht. Im Flugzeug versucht man zu schlafen, was nicht geht — man trinkt Bier und Cognac, dann Wein und Whisky, was ganz gut geht, und wenn man dann gerade am Eindösen ist, kommt irgendein neues Essen, ein neues, freundlich serviertes Getränk oder ein heisser Lappen fürs Gesicht oder die nächste Zwischenlandung. Spätestens in Singapore drücken einen die Schuhe, die Füsse sind dick geworden vom Sitzen und die Passagiere watscheln die Gangway hinunter wie Pinguine eine Gletscherkante.

Irgendwann schläft man dann doch. Bis einen die Durchsage des Kapitäns aufschreckt, man könne jetzt rechts unten den australischen Kontinent sehen. Die Sonne geht auf. Unter mir ist alles rot. Die Farbe auf den Postkarten und Fotos ist also echt, denke ich und versuche Strukturen zu erkennen. Leichte bläuliche Schatten deuten Erhebungen an. Ansonsten nur eine grosse, rote Fläche. Wir überqueren den Kontinent von Nord nach Süd in einer Höhe von zwölf- bis fünfzehntausend Metern. Ich denke, den Ayers Rock musst du doch sehen, aber auch er, das emporragende Ende der Erdachse — wie die Eingeborenen glauben — erhebt sich nirgendwo aus dem satten Rot. Die Sonne steht inzwischen höher, die blassblauen Schatten sind weg, eine rostigrote Scheibe liegt da unten.

Ich stosse Shelley an und sage, guck mal, ein grosser See. Sie sagt nein, das sind die Suburbs von Melbourne. Die Maschine geht weiter runter, ich sehe genau hin und tatsächlich, so weit man sehen kann, ein Meer regennasser Wellblechdächer. Scheusslich, denke ich, etwas drückt mich in der Brust, und ich habe in diesem Moment nichts mehr, womit ich Shelleys Freude nachempfinden, geschweige denn teilen könnte.

Die endlosen Wellblechdächer werden von einem relativ kleinen Kern von Wolkenkratzern unterbrochen. Eine Dreimillionenstadt und fast alles Einfamilienhäuser.

Die Maschine steht, die Triebwerke sind aus. Die Leute hält es trotz mehrmaliger Aufforderung nicht in den Sitzen. Jeder sucht seine Sachen zusammen. Dann wieder eine Durchsage: Die Einfuhr aller pflanzlichen und tierischen Produkte ist verboten, selbst Bonbons und Schokolade. Sie müssen nach dem Aussteigen in eigens dafür aufgestellte Behälter geworfen werden. Wer dagegen verstösst, muss mit Geldstrafe, eventuell auch Einreiseverbot rechnen. Und wieder die Aufforderung, Platz zu nehmen, die Seuchenkontrolle käme noch. Die Angst der Australier vor Krankheiten und Ungeziefer ist gross. Durch die Nichteinfuhr von Obst und Fleischwaren etc. soll verhindert werden, dass bestimmte Tier- und Pflanzenkrankheiten eingeschleppt werden, von denen Australien bisher verschont geblieben ist.

Dann ist das Seuchenkommando an Bord. Vier Männer in Uniformen mit Schlips und kurzer Hose gehen langsam an den Sitzreihen vorbei. Über ihren Köpfen in jeder Hand eine Spraydose. Es riecht nach Mottenpulver. Nach dieser Begrüssungszeremonie dürfen wir aussteigen. Ich betrete mit dem Schmutz und den Bakterien von Saarbrücken, Frankfurt, Bahrein, Colombo und Singapore an den Schuhen zum ersten Mal australischen Boden. Viele Leute hinken auf blossen Füssen, die Schuhe in der Hand.

Wir stehen vor dem Flughafen. Es regnet, und es ist kühl. Nancy hat ihre Tochter abgeholt und weint und schluchzt, oh dear, oh dear. Und Shelley weint auch. Ich stehe im Regen und versuche, das Gepäck ins Auto zu kriegen. Wir fahren los, es geht quer durch Melbourne, Nancy wohnt am anderen Ende der Stadt. Am Flughafen begann eine lange Palmenallee. Schau mal, sage ich, und zeige auf die Palmen. Shelley sieht mich verständnislos an. Oft hatte ich sie gefragt, wachsen in Melbourne Palmen, und immer hatte sie das verneint, sie könne sich an keine erinnern. Und wieder spüre ich den Druck in der Brust. Nancy schluchzt noch manchmal auf beim Fahren, my dear, my dear und Shelley erzählt. Ich beobachte den Linksverkehr, die Palmen und sehe die gleichbleibende einstöckige Bauweise der Stein-, Holz- und Plastikhäuser, die alle mit Wellblech gedeckt sind. Wellblech, das stelle ich fest, ist der absolut beliebteste Baustoff in Australien. Nicht nur die Dächer der Bungalows, sondern teilweise auch die Wände sind aus Wellblech und nicht genug damit, die Liebe der Australier zu diesem Material ist so gross, dass sie es hochkant als Zaun um ihr Grundstück aufrichten. Und die schönen, saftigen immergrünen Sträucher quellen über sie hinaus. Später im Stadtzentrum, fahren wir dann doch auch an schönen viktorianischen Gebäuden vorbei. Das tröstet mich.

Das Haus in Glen Waverley, in dem Shelley unter Mutters und Grossmutters Fittichen aufgewachsen war, ist ein einstöckiges geräumiges Backsteinhaus mit Garten davor und dahinter und — einem Wellblechdach. Die Grossmutter ist sehr alt und sitzt den ganzen Tag in einem Sessel, die Füsse in einem grossen, elektrischen Wärmer. Sie ist schwerhörig, redet kaum, aber sie lässt Shelley nicht aus den Augen. Einmal am Tag raucht sie eine Zigarette, und wenn ich ihr dabei Gesellschaft leiste, leuchten ihre Augen. Von ihrem Platz aus sieht man durch eine grosse Scheibe über die Gärten und Häuser der Nachbarschaft, die nur von tropfenden Palmen, die wie Attrappen wirken, überragt werden. Es regnet immer, und es ist feucht und kalt. Die Australier ignorieren weitgehend die Kälte. Vorhandene Heizungen werden kaum eingeschaltet. Man zieht sich eben wärmer an und reibt sich am Morgen die Hände. Prinzipiell geht man früh zu Bett, das soll die Beziehung fördern und sorgt wohl auch für den reichen Kindersegen. Ich finde keine Kneipe in der Gegend, hole mir mein Bier aus dem «Drive Inn» und sehe fern. Neben mir sitzt wortlos die Grossmutter und erzeugt mit ihren Zähnen beängstigende Geräusche. Es klingt, als tauschte sie mit Hilfe der Zunge ständig die obere mit der unteren Prothese aus.

Im Fernsehen werden alte Leute interviewt, die gemeinsam aus der Irrenanstalt ausgebrochen sind. Sie behaupten glaubwürdig, dass sie nicht verrückt seien, sondern durch ein Komplott von Angehörigen und Ärzten in das Heim eingewiesen worden waren, weil man es auf ihre Rente abgesehen hatte.

Ich will mir ein Auto mieten und ins Land fahren, in den Norden, wo es warm ist. Die Familie ist entsetzt. Man fährt nicht so ohne weiteres durchs Land. Es sei viel zu gefährlich, vor allem die Aboriginals, die Eingeborenen.

Shelley kommt auf die Idee, mich ihrer Verwandtschaft zu zeigen. Wir fahren durch den Regen von Haus zu Haus, von Farm zu Farm. Alle sind freundlich zu dem Fremden, erklären, wie gefährlich das Rauchen sei und laden mich zum Squashspielen ein. Und zum Barbecue, aber erst, wenn der Regen vorbei sei. Barbecue ist in Australien ein wichtiges gesellschaftliches Ereignis. Es führt dazu, dass man im Sommer fast jeden Abend in irgendeinem anderen Garten herumsteht, in der einen Hand eine Wurst, in der anderen ein Bier.

Überall wird natürlich über meine Absicht diskutiert, alleine quer durch Australien zu fahren. Die Liste der mich erwartenden Gefahren wird immer länger. Einmal sind es die giftigen Schlangen, dann die Dingos, ein anderes Mal die Krokodile im Norden, die Kälte, die Hitze, die Wüste und immer wieder die Eingeborenen, die jedem auflauern. Niemand von ihnen jedoch hatte jemals eine solche Reise unternommen.

Shelley will mir einen Nationalpark zeigen. Wir fahren erst nach Mildura zu Verwandten, die

Wein anbauen. Aus den Trauben dürfen in dieser Gegend nur Rosinen gemacht werden, die auf riesigen Gestellen im Freien trocknen. Auch eine Weinbrandfabrik ist da und hüllt alles in eine gärende angenehme Wolke. Am nächsten Tag geht es weiter in den Nationalpark. Es ist ganz interessant, die Känguruhs sind zahm und die Emu-Eier liegen herum, aber es ist nicht das, was ich suche. Ich muss raus, der Regen und alles andere machen mich verrückt. Ich kann plötzlich auch nicht mehr darüber reden.

Auf den Strassen und Pisten sitzen die Vögel in grossen Schwärmen, vor allem Wellensittiche und Papageien. Dazwischen auch Krähen und Dohlen. Oft habe ich beobachtet, dass die Krähen bei einem herannahenden Fahrzeug ihr Futter fallen liessen und davonflogen, während andere Vögel unbesorgt weiterpickten und dann nicht selten überfahren wurden.

Ich fahre in die Stadt, ins Goethe-Institut, will eigentlich nur eine deutsche Zeitung lesen. Plötzlich hält die herrliche alte Strassenbahn. Der Fahrer nimmt seine Tasche, steigt aus und verschwindet. Nach und nach verlassen die Leute den Wagen. Streik, erfahre ich; wegen irgendeiner Lappalie wird wieder gestreikt. Das ist an der Tagesordnung. Es kann einige Stunden dauern, bis wieder ein Fahrer kommt. Ich nehme ein Taxi, die streiken Gott sei Dank noch nicht. Aber wer weiss . . . Der Taxifahrer erzählt, er käme gerade vom Flughafen. Dort streikten die Sicherheitsleute. Der Grund: ein Wachmann aus der einen Gewerkschaft wollte durch den Kontrollbereich eines anderen, der in der Konkurrenzgewerkschaft ist. Nun verlangte dieser den Ausweis, was jener ablehnte mit dem Hinweis, sie würden sich doch seit Jahren kennen und weiterging. Der erste wiederum lässt alles stehen und liegen, geht zu seinem Gewerkschaftsobmann und der entscheidet erst einmal für seine Leute: Streik, bis die Organisationen den Fall unter sich geklärt haben. Der ganze Betrieb steht still. Das nennt sich Diskussionspause.

Im Goethe-Institut arbeitet Peter Apelt, wir kommen ins Gespräch, und er lädt uns für den Abend ein.

Es ist warm, der Kamin brennt und Peter, der zynische Fatalist, philosophiert bis spät in die Nacht über die Kulturlosigkeit der Australier, unterstützt von seiner Frau Maja, einer Amerikanerin. Ich fühle mich wohl, und Shelley wird traurig. Peter findet meine Reisepläne gut und gibt mir die Adressen von Beate Josephi und Ian Harmsdorf in Adelaide, die sehr eng mit der Kulturszene in Südaustralien verknüpft sind. Ian forscht seit Jahren über die Deutschen in Australien. Mein Entschluss, in das Land aufzubrechen, steht fest. Wenn ich hier leben will, muss ich Australien auf meine Art und für mich selbst entdecken.

An dem Tag, als ich mit dem gemieteten Geländewagen in Glen Waverley vorfahre, lädt

Nancy Shelley und mich zum Essen in ein deutsches Restaurant ein, in die bewaldeten Hügel ausserhalb Melbournes. Es heisst «Wienerwald» und soll eine Überraschung für mich sein. Es ist «licensed», das bedeutet, es wird Alkohol ausgeschenkt. Später machte ich oft die Erfahrung, dass die nichtlizensierten Restaurants die bessere Küche hatten.

Schon vor der Tür treffen wir eine Menge Leute, die Abendkleider und dunkle Anzüge tragen. Auch drin sieht es vornehm aus. Eintritt, Garderobe und Gedeck kosten pro Kopf zwölf Dollar. Wir bekommen einen Tisch direkt an der Tanzfläche, neben einer kleinen, noch leeren Bühne. An einer Wand gehen die Leute, mit Tellern in der Hand, an einer kantinenähnlichen Warmhaltetheke aus Metall vorbei und bedienen sich selbst. Wir trinken erst ein Glas Champagner, und ich wähle von der Karte einen roten «Burgundy» aus. In Australien wächst einer der besten Weine der Welt. Dann schliessen wir uns den anderen an und stellen uns aus den diversen Kübeln unser Menü zusammen. Der Wein wird eingeschenkt, dass es nur so schäumt. Er ist eiskalt. Ich habe mich von diesem Schreck noch nicht erholt, da treten drei Figuren auf das Podium: ein Schlagzeuger, ein Trompeter und ein Mann mit Akkordeon. Dazu tragen sie Lederhosen, Wadenstrümpfe, Bergschuhe und Tirolerhüte. Es sind solch phantastische Exemplare, die man, tauchten sie je in Bayern auf, sofort in ein Trachtenmuseum einsperren würde. Und dann geht's los: eine Faschingsschnulze nach der anderen. Und die Australier geraten ausser sich vor Begeisterung, singen und schunkeln mit. Das ist deutsche Kultur, das ist das höchste, und Shelley erzählt mir zum ersten Mal von einem Ort namens Hahndorf, in dem fast nur deutschstämmige Australier lebten und deren jährliches Schützenfest Besucher aus dem ganzen Land, ja sogar von Übersee anlockte. Nancy wundert sich, dass ich nicht mitmache.

Da kommt mir Peter, der zynische Fatalist vom Goethe-Institut in den Sinn, der die Kulturlosigkeit der Australier so heftig beschrieben hatte, und der eigentlich von Amts wegen deutsche Kulturarbeit im Ausland leisten sollte. Ist das, was ich hier erlebe, etwa das Ergebnis dieser Arbeit? Merkwürdigerweise findet man immer wieder in deutschen Klubs im Ausland als Inbegriff deutscher Kultur ähnliche Auftritte. Meine Vermutung: Deutsche Kultur im Ausland offenbart sich deshalb in erster Linie durch Blasmusik, Faschingslieder und Schützenfeste, weil das für die Verbreitung deutscher Kultur im Ausland zuständige Goethe-Institut seine Zentrale bekanntlich in München hat. So einfach ist das.

In Australien habe ich erstaunlich viele Ähnlichkeiten mit der Sowjetunion festgestellt, nur, dass sie eben ganz anders gewertet werden. Einige Beispiele:

In Australien und der Sowjetunion werden in Milchbars Mixgetränke in grossen Metallbechern serviert. In der Sowjetunion hört man dann: Schau her, die haben noch nicht mal Gläser oder Plastikbecher; in Australien heisst es einfach: sieh an, wie praktisch.

In Australien findet man in den Supermärkten fast nur grosse braune Packpapiertüten. In der Sowjetunion auch. Dort heisst es aber: die Armen können sich keine Plastiktragetaschen leisten; in Australien wiederum gilt das als umweltbewusst.

In Australien wie in der Sowjetunion laufen viele Leute in langen, weiten und schlabberigen Kleidern, denen man von weitem die Handarbeit ansieht. In Australien schwärmt man: das ist bequem; in der Sowjetunion hört man: die armen Teufel haben keine Mode und können sich nichts leisten.

Wir sind unterwegs. Der Abschied war traurig. Die Grossmutter hat geweint und sich von Shelley auf eine fast sakrale Art und Weise getrennt. Eine gewaltige Frau. Der Wagen ist bepackt wie für eine Expedition. Innen ein grosses Bett und trotzdem ist noch Platz für Gepäck und Proviant. Auf der Dachplattform alles andere: Werkzeuge, Holz, Sprit und Frischwasser. Shelley hat sich von meiner Abenteuerlust am Ende doch anstecken lassen, und in den letzten Tagen war die ganze Verwandtschaft gekommen, unsere Vorbereitungen zu beobachten und gute Ratschläge zu geben.

Wir fahren parallel zur Küste in nordwestlicher Richtung. In Adelaide wollen wir einige Tage bleiben, damit Shelley die nötigen Dinge mit ihrem neuen Ballett regeln kann. Dann soll es weiter nach Port Augusta gehen, wo die Asphaltstrasse aufhört und die Piste nach Norden beginnt. Der Regen stört mich nicht mehr. Die Landschaft ist hügelig und saftig grün. Die europäischen Bäume haben ihr Laub verloren, aber die anderen, die Gumtrees und die Eukalypten, stehen immergrün und mächtig da, teils vereinzelt aber oft auch in imposanten Gruppen. Links und rechts endlose Farmen mit ihren riesigen Schaf- und Rinderherden.

Die alte Goldgräberstadt Ballarat. Von hier stammt Shelleys Grossvater. Zum ersten Mal scheint die Sonne, und es ist sofort warm. Vor uns wölbt sich eine Nachbildung des Arc de Triomphe über die Strasse. Auf dem Bogen steht 1914—1919. Ich frage Shelley, was die Zahl 1919 bedeutet. Sie weiss es nicht. Später erfahre ich, dass für die Australier der Erste Weltkrieg erst 1919 zu Ende war, weil die Rückfahrt der Soldaten per Schiff so lange gedauert hat. Sie hatten zusammen mit Neuseeland auf englischer Seite in der Türkei gekämpft und eine furchtbare Niederlage erlitten. Seither gilt der Tag der Schlacht, der ANZAC-Day, als Nationalfeiertag (ANZAC = Australian and New Zealand Army Corps). Hinter dem Triumphbogen beginnt die «Avenue of Honour». Sie ist etwa acht Kilometer lang und ist rechts und links von Bäumen gesäumt. Sie wurden für die Gefallenen gepflanzt und tragen kleine Namensschilder. Auch Shelleys Grossvater hat hier seinen Baum. Aber wir finden ihn nicht.

Über ihre Beteiligung am Vietnamkrieg reden die Australier ungern.

Adelaide. Die herrliche Adelheid — die Perle Australiens. Das Herz des Südens und das Zentrum der australischen Kultur. Sicher, es gibt Sidney und Melbourne. Aber nirgends dort habe ich eine so gewachsene selbstbewusste Kultur angetroffen wie in Adelaide (1,5 Mio. Ew.) und Südaustralien.

In der Nacht kommen wir an. Die Luft ist leicht. Es regnet nicht. Der Morgen ist warm. Shelley verschwindet tagelang in ihren Ballettangelegenheiten, und ich beginne mit meiner Entdeckung Australiens. Die Stadt zwingt mich einfach, das Auto stehen zu lassen. Ich leihe mir ein Fahrrad und habe dabei fast ein schlechtes Gewissen, wenn ich es benutze und nicht zu Fuss gehe. Eine so junge Stadt, was sind schon zweihundert Jahre, und so viel Atmosphäre. Ich weiss nicht, ob das stimmt — ich empfinde es jedenfalls so: hier existiert das, was man im positiven Sinn eine eigenständige australische Architektur und Stadtplanung nennen kann. Die Strassen, die schönen alten und auch die kurzen Schluchten zwischen den Hochhäusern im Zentrum, die Plätze, die gewachsenen Parks, die Ufer des Torrens — all das stimmt zusammen mit den Menschen, die dort leben, wie sonst nirgendwo auf der Welt. Natürlich gibt es eine hohe Arbeitslosenquote und natürlich sind in der Geschichte Australiens auch schreckliche Dinge geschehen und geschehen noch mit den Eingeborenen — auch das Kapitel der Deutsch-Australier während der beiden Weltkriege ist dunkel. Aber es ist nicht zu übersehen, dass die australische Gesellschaft in ihrer vielfältigen ethnischen Zusammensetzung ein Höchstmass an Toleranz und Liberalität praktiziert. Wie anders ist zu erklären, dass es in der bevormundeten Minderheit, den Aboriginals, nie eine militante Protestbewegung gab?

Ian Harmstorfs Vorfahren stammen aus Hamburg. Er selbst ist in Australien geboren. Ich treffe ihn in der Universität, wo er arbeitet. Seine Begeisterung für alles Deutsche ist so gross, dass ihm selbst das Dritte Reich keine Probleme zu machen scheint. Er hat alles im Zusammenhang mit deutschen Einwanderern in Australien erforscht und veröffentlicht. Er kommt sofort auf seine Lieblingsthemen: Hahndorf und das Barossa Valley. Er gibt mir einige seiner Bücher und wir verabreden, gemeinsam dorthin zu fahren.

Unterwegs erzählt er von Käptn Hahn, den preussischen Lutheranern, und wie sie sich angesiedelt haben. Hahndorf ist stolz auf seine deutsche Tradition, das spürt man sofort. Es ist nicht nur wegen des Schützenfestes mit Biergartenatmosphäre eine Touristenattraktion. Der ganze Ort ist auf sonderbare Art und Weise deutsch, wenngleich nur englisch gesprochen wird. Harmstorf sagt, die Alten sprechen deutsch, die Kinder kaum noch, und die Enkel verstehen kein Wort mehr. Auch die landwirtschaftlich genutzte Gegend um Hahndorf wirkt deutsch trotz der exotischen Flora. Überall stösst man auf deutsche Namen: die Strassen, die Geschäfte, der Friedhof.

In Hahndorf treffe ich Jeff Dutton, der an einer Fernsehreihe über die Deutschen schreibt. Er erzählt von seinem Urgrossvater, der 1838 im Hafen von Adelaide den ersten Deutschen entgegengeritten sei und ihnen grosszügig sein Land zur Ansiedlung überlassen habe. Daraus sei Hahndorf entstanden. Wir sitzen in einer Gaststätte, die so eingerichtet ist, wie man sich wohl eine deutsche Gaststätte in Australien vorstellt. Die alten Wirtsleute erzählen die Überlieferung der Anfänge. Käptn Hahn muss eine für seine Zeit und seinen Beruf aussergewöhnlich menschenfreundliche Erscheinung gewesen sein. Er interessiert mich, zumal Harmstorf ihn in seinen Arbeiten kurz zitiert. Es existieren auch einige ins Englische übersetzte Auszüge von Aufzeichnungen Hahns über sein Leben. Es soll mehrere Bände mit handschriftlichen Erinnerungen geben, aber niemand weiss, wo sie zu finden sind. Harmstorf verspricht, mir bei der Suche nach ihnen zu helfen und will bis zu meiner Rückkehr von der Reise durch das Land Materialien zusammentragen.

Es hat dann tatsächlich noch acht Jahre gedauert, bis ich im Dezember 1986 mit Hilfe der Germanistin Lee Kersten Hahns Aufzeichnungen seiner Reise mit den ersten deutschen Auswanderern nach Südaustralien in der Hand hielt. Später — vor allem Dank der detaillierten Recherche von Frank Rainer Huck — fanden wir heraus, dass es sich um eine fehlerhafte Abschrift des bisher nicht auffindbaren Originals handeln musste. Wir stiessen dann auf Kopien von Auszügen des Originals, die uns in den Stand setzten, die Abschrift inhaltlich und sachlich mit den Aufzeichnungen Hahns in Übereinstimmung zu bringen.

Ich habe dann den Text von Dirk Meinerts Hahn in der Absicht bearbeitet und teilweise nacherzählt, dass seine Sprache, seine Gefühle und Urteile erhalten blieben.

Nach zehn Wochen kam ich allein von der Reise durchs Landesinnere zurück. Shelley war nach dem ersten Drittel von Alice Springs aus zurückgeflogen, weil die Grossmutter gestorben war. Die Weiterfahrt, allein, war so unglaublich wie ein neues Leben. Die rote flache Landschaft, mal Busch, mal Wüste, mal Felsen, mal Gestrüpp, der Ayers Rock und die Mount Olgas. Tausend Kilometer keine Menschenseele. Die wilden Kamele und Pferde, die Dingos und die Känguruhs. Die Piste kann über Nacht zum reissenden, breiten Strom werden. Dann ein Ort wie Coober Pedy, die Opalstadt, samt Kirche lebt alles unter der Erde. Tagesglut wechselt mit Nachtfrost. Ich traf deutsche Einwanderer, die nach fünfzehn Jahren ihre Muttersprache vergessen hatten und auf englisch von der Bundesrepublik redeten, wie von einem Land, in das sie gerne auswandern würden.

Und die Eingeborenen, diese sanften, duldenden Geschöpfe. Nie hatte ich Angst vor ihnen. Auch dann nicht, wenn aus der Nacht eine schweigsame Sippe im Gänsemarsch kam und sich im Kreis um mein Auto und Feuer niederliess. Alkohol ist das, was sie allesamt zerstört. Die Regierung gibt ihnen Geld und sagt, alle Menschen sind frei. Also hindert niemand die Aboriginals daran, sich Alkohol zu kaufen. In den Städten wie auf dem Land gehören die torkelnden Figuren zum normalen Bild. Ein seltsamer Widerspruch — oder auch nicht.

Alle zwei Jahre ist das Adelaide-Festival. Es ist nach Edinburgh das grösste Kulturereignis der Welt.

Beate Josephi, die inzwischen mit dem Dichter Andrew Taylor verheiratet ist, organisiert die Literaten und ihre Auftritte. «Fringe», die Fransen, nennen sich die alternativen Veranstaltungen um das grosse Festival herum. Was da an junger Kunst und Kraft durch die Nächte tobt und tanzt, ist so grandios, dass es jeder europäischen Hauptstadt gleich für mehrere Festivals reichen würde, hätte sie es nur zur Verfügung. Fransen, im wahrsten Sinne des Wortes, die einem zärtlich entgegenwehen und kurz darauf auch wieder aggressiv ins Gesicht peitschen können. Hier in Adelaide hat Australien mich gepackt. Eine Stadt mit einem Klima, dass man nachts schon vom Aufstehen träumt. Hier fand ich meine Freunde, die mit ihrer unbefangenen Kreativität Europa wie einen schwerfälligen Klotz erscheinen lassen.

Beate bringt mich mit Kath Walker zusammen. Sie ist bald siebzig und die bekannteste Eingeborenendichterin. In Lyrik und Prosa kämpft sie für die Gleichstellung ihres Volkes mit den Weissen. Seit sechzehn Jahren leitet sie ein Ausbildungs- und Kulturzentrum, in dem die Kinder der Aboriginals wieder das einfache und natürliche Leben ihrer Vorfahren lernen. In ihrem Gedicht «Aboriginals fordern ihr Recht» werden eigentlich alle Probleme Australiens deutlich: die der Schwarzen und vice versa auch die der Weissen.

Aboriginals fordern ihr Recht

Wir wollen Hoffnung, nicht Rassenhass,
Bruderschaft, nicht Ächtung.
Fortschritt der Schwarzen, nicht Herrschaft der
Weissen:
Macht uns zu Gleichberechtigten, nicht zu
Abhängigen.
Wir brauchen Hilfe, nicht Ausbeutung,
Wir wollen Freiheit, nicht Frustration:
Nicht Überwachung, sondern Selbstvertrauen,
Unabhängigkeit, nicht Willfährigkeit.
Nicht Abweisung, sondern Ausbildung,
Selbstachtung, nicht Resignation.

Befreit uns von einer gemeinen Unterwerfung,
Von einer bürokratischen Protektion.
Lasst uns die alten Sklavenhändler vergessen:
Gebt uns Kameradschaft, nicht Gunst,
Ermutigung, nicht Verbote,
Ein Zuhause, nicht Siedlungen und Missionen.
Wir brauchen Liebe, nicht Herrschaft.
Die Berührung einer Hand, nicht die Gewalt einer
Vormundschaft;
Die Möglichkeit Schwarze und Weisse auf
Eine Ebene zu stellen.
Ihr entmutigt uns, Ihr verteidigt uns nicht.
Ihr grenzt ein, wer sich unser annehmen soll.
Gebt uns ein Willkommen, nicht Abneigung,
Gebt uns Wahlmöglichkeiten, nicht kalten Zwang.
Einen Status, nicht Diskriminierung.
Die Menschenrechte, nicht Rassentrennung.
Ihr seid das Gesetz, wie der Römer Pontius.
Macht uns stolz, haltet uns nicht unsere Farbe vor;
Gebt uns die Behandlung, die Ihr uns noch verweigert,
Gebt uns Wohlwollen, nicht blindgläubiges Vorurteil;
Gebt uns Ehrgeiz, nicht Hindernisse,
Vertrauen, nicht Herablassung;
Gebt Antrieb, nicht Beschränkung,
Gebt uns Christus, nicht die Kreuzigung.
Obwohl wir getauft und gesegnet sind und die Bibel
kennen,
Werden wir immer noch tabuisiert und verleumdet.
Ihr frommen Heils-Verkäufer,
Macht uns zu Nachbarn, nicht zu Randbewohnern,
Macht uns zu Gefährten, nicht zu armen Verwandten.
Zu Mitbürgern, nicht zu Leibeigenen.
Müssen wir eingeborenen alten Australier

In unserem Land als Fremde leben?
Verbannt die Ächtung und überwindet die Kasten,
Dann werden wir schliesslich uns selbst gewinnen.

(Übersetzung: Dagmar Linn)

Dirk Meinerts Hahn betrat 1838 den Fünften
Kontinent mit den gleichen Vorurteilen gegenüber der eingeborenen schwarzen Bevölkerung,
die damals alle Weissen hegten. Dennoch zeigte
sich in seinem Handeln für die ersten deutschen
Einwanderer, für die er sich verantwortlich
fühlte, eine starke, gerechtigkeitsbewusste und
weltoffene Persönlichkeit.

Martin Buchhorn

Die Reise mit
Auswanderern von
Altona nach Port Adelaide
Süd-Australien
per Schiff «Zebra»
Capt. D. M. Hahn
1838

245

Faksimile der Seite 245 aus Band 1 der Lebenserinnerungen von Dirk Meinerts Hahn (M1), reproduziert nach der im Sylter Archiv in Westerland vorhandenen Kopie.

Der veröffentlichte Text beginnt auf der vorletzten Zeile von Seite 244.

Am 22. Juni 1838 kamen wir mit unserem Schiff «Zebra» von der Elbe in die Stadt Hamburg.

Während des Löschens spekulierten wir auf verschiedene Frachten. Am günstigsten schien eine Tour nach Archangelsk, wozu ich wohl Lust hatte, weil ich dann während des Winters nach Hause reisen könnte; denn das Schiff bliebe bis auf das Frühjahr dort liegen. Da meine Frau erst kürzlich entbunden worden war, wollte ich sie, da ich auf diese Fahrt hoffte, nicht zu mir herüberkommen lassen, weil ihr doch das Reisen unter diesen Umständen beschwerlich fallen würde.

Zufällig bot sich uns auch eine Fracht mit Auswanderern nach Adelaide in Süd-Australien. Diese Nachricht überfiel mich wie ein kalter Regen. Eingedenk was es mich für Mühe und Verdruss gekostet hatte, eine solche Ladung nur nach New York zu bringen, sagte ich gleich: «Wenn die Leute sich selbst beköstigen und einen Befehlshaber über sich haben, dass ich mit ihnen weiter nichts zu tun habe, als sie zu ihrem Ziel zu bringen, soll es an meinem Willen nicht fehlen.» Doch machte ich Herrn Reeder Dede aufmerksam, dass für diese Reise ein Chronometer nebst einer bedeutenden Anzahl Karten und Bücher erforderlich war.

Die Zeit drängte, so dass wir uns selbigen Tags auf Ja oder Nein entschliessen mussten.

In meinem Leben hatte ich noch nicht den Namen dieses Ortes Adelaide gehört. Eine Fracht nach dahin abzuschliessen, ohne wenigstens zu wissen, ob man auch wirklich dorthin fahren könnte, liess sich doch keineswegs tun. Makler Schröder, durch den diese Befrachtung gemacht wurde, war gleich erbötig, mit mir an Bord des englischen Schiffes, «Prince George», zu gehen, das ebenfalls nach Adelaide bestimmt war. Ich wollte mich nach den Verhältnissen dieses Ortes erkundigen und die entsprechenden Lagekarten einsehen.

Der Kapitän der «Prince George» war sehr bereitwillig, mich von allem zu unterrichten, was ihm bekannt war, und zeigte mir seine Karten. Ich fand, dass die Lage von Adelaide nicht zu den beschwerlichsten in den dortigen Gewässern gehörte, nur machte er die Bemerkung, dass wir uns das Einfahren dort durch Bojen selbst kenntlich machen müssten. Ich ging wieder an Land und erzählte Herrn Dede, was ich gehört und gesehen hatte. Er sagte mir hierauf: «Es sind uns, wie Du weisst, drei Frachten angeboten worden, nämlich nach Archangelsk, Bahia und diese nach Adelaide. Gehe nun zur Börse und schliesse die für uns vorteilhafteste davon ab. Kannst Du für Adelaide elfhundert Pfund Sterling erreichen, mit einer annehmbaren Retourfracht von Ostindien oder Brasilien, wäre das doch wohl das Beste.»

Ich sprach mit dem Kommissionär von Makler Schirmer und erkundigte mich nach den besagten Frachten. Er konnte jedoch erst am folgenden Tage Auskunft geben. Inzwischen wussten schon viele meiner Bekannten die Einzelheiten der Fracht nach Adelaide. Jeder riet mir, diese Reise doch ja nicht zu unternehmen. Allein, ginge ich wieder unverrichteter Dinge zu Herrn Dede zurück, würde der mich gewiss für feige halten, als ob ich mich fürchtete, nach Australien zu fahren.

Ich ging daher hin und schloss mit Herrn Swaine durch Makler Schröder die Fracht nach Adelaide für elfhundert Pfund Sterling ab. Damit war Herr Dede anfangs sehr zufrieden. Tags darauf wurde die Charterpartie zu allseitiger Zufriedenheit aufgemacht und unterzeichnet. Die «Zebra» musste nun nach Altona herunter, um dort zu laden und auch, um dann von einem dänischen Platz ausklarieren zu können, weil ich von fremden Häfen kommend vor keiner englischen Kolonie landen durfte.

Da nun alles geklärt war, schrieb ich gleich an meine Frau, dass sie zu mir herüberkommen und meinen Sohn Dirk mitbringen sollte, den ich doch gerne noch einmal zu sehen wünschte. Sie kamen auch bald darauf in Altona an und machten mir während ihres kurzen Aufenthaltes manche vergnügte Stunde. Ich hielt sie bei mir bis einen Tag nachdem die Auswanderer an Bord gekommen waren. Am 29. Juli 1838 fuhren sie wieder mit einem Sylter Schiffer nach Hause.

Die uns durch diese Fahrt nach Adelaide zusätzlich entstandenen Unkosten machten dem Herrn Dede die Tour widerlich, ehe sie angetreten war. Es musste nämlich eine Spikerhaut, oben mit Kupfer, um das Schiff gelegt werden. Drei Planken von den Berghölzern mussten zum Schutz gegen Würmer ebenfalls bekleidet werden. Dazu kam die ihm höchst auffallende Ausgabe für den neuen Chronometer, welche er gerne vermieden hätte. Das Schiff musste für ein Jahr ausgerüstet werden, und ich verlangte wenigstens zwei Mann Besatzung mehr. Die Matrosen wollten ausserdem drei Monate Gage auf die Hand haben. All dies waren unvorherbedachte Ausgaben. Die erforderlichen Karten und Bücher, die freilich sehr komplett waren, sandte sein Bruder mir von London zu dem enormen Preis von zwanzig Pfund Sterling, den wir uns dann später nach manchem Wortwechsel geteilt haben.

Am 28. Juli 1838 kamen die Auswanderer an Bord, einhundertneunundneunzig Seelen an der Zahl. Sie mussten ihres Glaubens wegen von Preussen auswandern und waren wirklich sehr religiös. Abends und morgens wurde eine Predigt gehalten, gebetet und gesungen. Ihr Gesang klang wunderschön über den Hafen. Wer sie hörte, gab ihnen das Zeugnis, eine seltene Gabe im Singen zu haben. Dieses lockte uns jeden Abend so viele Menschen an Bord, vornehmen und geringeren Standes, dass gar oft die Rüsten voll hingen und kaum Platz mehr auf Deck war. Wer nur halbwegs mit mir bekannt war, bat mich, an Bord kommen zu dürfen, so dass wir zu mehreren Malen abends mit achtundzwanzig Personen in der Kajüte waren.

Während wir noch im Hafen lagen, starben schon zwei Kinder, die auf dem Altonaer Kirchhof für Arme begraben wurden.

Ausfahrt

Am 12. August 1838, einem Sonntagmorgen, sechs Uhr, schleppte uns ein Dampfschiff aus der Stadt. Eine unzählige Menge Menschen stand am Ufer und sah uns nach. Damit hatten wir diese schwierige Reise angetreten. Am 17. August ging schon wieder ein Kind mit dem Tode ab, welches wir auf Juelssand begruben. Am 19. August kamen wir nach Krautsand herunter. An diesem Tag starb ein weiteres Kind. Da wir nun Glückstadt so nahe waren, mochte ich den Leichnam dieses Kindes nicht auch im Sande begraben, was eigentlich auch gesetzwidrig war.

Mit einem Attest des für die Auswanderer engagierten Doktors namens Mathiesen aus Schleswig, an welcher Krankheit das Kind gestorben war, fuhr ich nach Glückstadt. Dort wandte ich mich an den Oberprediger Quenzel und zeigte ihm mein Attest und bat ihn, diesem vierjährigen Kinde einen Platz auf dem Kirchhof für Arme zu lassen. Ich schilderte ihm die Lage der Leute, sowie die Ursache, warum sie auswanderten, worauf er mir versprach, meinem Wunsch zu genügen. Die Leiche durfte aber erst dreimal vierundzwanzig Stunden nach dem Tod begraben werden. Weil ich das tote

Kind aber nicht so lange an Bord behalten konnte, meinte er, wir könnten es bis dahin im Quarantäne-Hospital aufbewahren, das sowieso leerstand. Zum Schluss aber sagte er: «Ich allein kann dieses nicht erlauben, es muss mit der Genehmigung des Präsidenten Fabricius geschehen.»

Ich begab mich zu dem Präsidenten, stellte ihm diesen Umstand auf ähnliche Art vor und sagte ihm, dass ich alles bereits mit Konsistorialrat Quenzel besprochen und seine Erlaubnis hätte.

«Ja, ich erlaube, dass die Leiche hier an Land gebracht wird», war seine Antwort.

«Das heisst doch: ohne Unkosten?», fragte ich weiter.

«Ohne Unkosten freilich nicht», versetzte er und fuhr fort: «Der gesamte Betrag sind zunächst zwei Species für die Leichenschau an den Physikus, dann täglich ein Species Miete an das Hospital sind zusammen drei, also insgesamt fünf Species. Die zusätzlichen Beerdigungskosten wird Konsistorialrat Quenzel Ihnen genauer sagen können.»

Ich sagte: «Ich habe bereits Auskunft genug, die Leiche wird hier nicht begraben werden. In Altona sind zwei Kinder gestorben, und — da sie sehr arm waren — ohne Unkosten auf dem Kirchhof bestattet worden. So dachte ich es mir hier als Däne ebenfalls, sonst wäre ich hier nicht herüber gekommen. Meine Toten sind es nicht, und ich habe Ihnen bereits gesagt, dass die Eltern von diesem Kinde keinen Pfennig Geld haben. Wenn ganz Glückstadt nicht einen armen toten preussischen Auswanderer aufnehmen kann, warum soll ich denn allein für meine Person diese Unkosten zahlen?» — Er: «Sie müssten versuchen, es wieder zurückzubekommen.» «Ich wüsste nicht wie», sagte ich.

«Was wollen Sie denn nun mit der Leiche anfangen?» fragte er, « an unserem Ufer dürfen Sie es nicht begraben.» Ich sagte: «Es ist auf dem Wasser gestorben, ich werde es dem Wasser zur Beute geben, wenn es nicht auf dem Trockenen begraben werden kann. Wer es dann am Ufer findet, kann damit machen, was ihm gut dünkt.»

Den folgenden Morgen ging ich an Land auf Krautsand und sprach deswegen mit dem dortigen Prediger, einem sehr gefälligen Mann namens Beenss. Dieser liess mich durch einen Knaben zu dem Vorsteher des Orts bringen, damit ich diesen bitten konnte, die Erlaubnis vom Amtmann zu bewirken, die Leiche auf dem Kirchhof zu beerdigen.

Der Vorsteher ritt gleich dorthin, etwa zwei Stunden Weges entfernt. Um zwei Uhr kam er mit der Erlaubnis zurück. Wir sollten die Leiche an Land bringen, sie würde gleich auf dem Kirchhof beerdigt. Zwölf Schilling bezahlte ich dem Kuhlengräber.

Wer dieses liest, beurteile das Verfahren der Dänen gegen ihre Landsleute und das der Hannoveraner gegen Fremde. Meine Absicht ist nur, die Ereignisse zu schildern, die mir auf meiner Reise widerfahren sind.

Der zuvor erwähnte Prediger Beenss war noch nie auf einem Schiff gewesen. Als ich mich für seine Gefälligkeit bedankte, äusserte er den Wunsch seiner Damen, nämlich seiner Frau und seiner Schwägerin, dass sie gerne mein Schiff mit den Auswanderern sehen möchten.

Mir war dies recht lieb, dem Mann meinerseits wieder gefällig zu sein. Er war daher mit seiner Familie bis in den späten Abend bei mir an Bord, wo sie sich sehr amüsierten. Unter dem gegenseitigen Versprechen, uns nach meiner Rückkunft wieder zu treffen, nahm ich von den guten Leuten Abschied.

Auf hoher See

Am folgenden Morgen setzten wir unsere Reise fort und segelten am 21. August aus der Elbe in See. Es befanden sich im ganzen an Bord:

106 erwachsene Personen, männlichen und weiblichen Geschlechts,

30 Kinder, 10 Jahre alt und darüber,

31 Kinder, über 6 Jahre,

26 Kinder über 1/4 Jahr,

  4 Säuglinge,

  2 Kajüt-Passagiere, darunter Dr. Mathiesen,

16 Mann Besatzung,

— folglich waren wir mit 215 Seelen im Schiffe.

Die Passagiere waren von Seiten des Herrn Konsul Swaine auf ein halbes Jahr ausproviantiert, eine Instruktion war im Raum angeschlagen, wie sie sich zu verhalten hatten und was ihnen täglich gereicht werden sollte.

Der Doktor Mathiesen hatte Ordnung unter den Leuten zu halten, und darauf zu sehen, dass jeder seine ihm zukommende Portion erhielt. Er war als Befehlshaber über das Ganze anzusehen. Jedoch wurde mir wieder der Oberbefehl sowohl über den Doktor, als auch die Passagiere übertragen. Ihr Mundvorrat auf besagte Zeitfrist bestand aus:

26 674	Gallonen Wasser	1	Fass Brennöl
24 400	lb hart Brot	50	lbs Arrowroot
27	Fässer Schweine-fleisch	50	lbs Tee
		25	Bot. bitterer Brannt-wein
27	dto Ochsenfleisch		
16	Tonnen Heringe	5	Fässer Bohnen
38	Fässer Mehl	2	dto Pflaumen
60	Fässer Erbsen	2	dto Graupen
7	Säcke Kaffee	7	dto Essig
5	Fässer Zucker	10	Säcke Salz
50	Stück Käse	8	Oxhoft Sauerkraut
17	Viertel Butter	1	dto Wein
29	Säcke Reis	50	Bot. Cognac

Am 24. August kamen wir in den britischen Kanal.

Ich hatte — wie schon erwähnt — einen neuen Chronometer erhalten, den wir von einem Herrn Knapp zu dem enormen Preis von dreihundertzwanzig Species gekauft hatten. Am 29. August bot sich zum ersten Mal Gelegenheit, unseren Chronometer auszuprobieren, nämlich durch Messung der Sonnenhöhe auf den Mittag und Peilung von St. Catherine auf der Insel Wight. Es ergab sich, dass der Chronometer nur zwei Minuten östlich von dem Besteck abwich. Dieser unbedeutende Unterschied konnte sowohl an der Observation der Sonne, als auch an der Peilung liegen. Deshalb konnte ich dem Chronometer dies nicht als Fehler zuschreiben.

Unsere Erwartung, eine weitere diesbezügliche Observation anstellen zu können, bevor wir den Atlantischen Ozean erreichten, wurde enttäuscht. Wir setzten unseren Kurs auf Madeira ab, mit dem Vorsatz, dieser Insel ins Gesicht zu segeln. So wollten wir uns von dem Gang des Chronometers sicher überzeugen, weil dann ein bedeutend grösserer Zeitraum zwischen unserem jetzigen Ort und dieser Insel liegen würde. Dann, falls die Uhr ihren angegebenen Gang verändert hätte, würde der Fehler deutlich zu erkennen sein.

Auf unserer Fahrt dahin begünstigte uns ein heiterer Himmel, eine Längen-Observation bei Sonnen- und Monddistanz wahrzunehmen. Wiewohl es mir an Instrumenten und Büchern zu diesem Geschäft nicht fehlte, ebensowenig an unverdrossener Bemühung, kann ich mir doch selbst keine sonderliche Fertigkeit zuschreiben, Distanzen zwischen zwei Objekten am Himmel zu messen. Zur Sicherheit nahmen wir eine zweifache Observation am 11. September auf 38° 9' 34" nördlicher Breite und 15° 29' West-Länge per Chronometer. Die erste durch mich, die zweite durch den Obersteuermann Boy Dirksen. Beide Ergebnisse gaben wenig

Unterschied und waren dem Chronometer sehr nahe, so dass dieser in der Mitte der Berechnung der Observationen blieb. Ich hielt hierdurch unsere Länge für so sicher wie unsere Breite und setzte unseren Kurs wie früher gesagt fort.

Am 14. September sahen wir uns bei Tagesanbruch nahe unter Madeira. Ich sah bald, dass unsere Distanz zu Westen Madeira nach dem Chronometer zuschlug. Voller Ungeduld erwartete ich den notwendigen Sonnenstand, dass wir eine weitere Observation anstellen konnten. Nach Angabe des Chronometers und Peilung von Tristan Point, dem West-Ende von dieser Insel, mussten wir nach Ausmessen auf der Karte zwei Meilen vom Lande sein, und doch befanden wir uns wenigstens sechs Meilen davon entfernt.

Dieses setzte mich in den grössten Unmut. Nur vierundzwanzig Tage zählten wir, seitdem wir in See waren. Wenn sich nun der Chronometer in dieser Zeit um zwölf Minuten verändert hatte, liess sich denken, dass er in Ostindien, wo er uns eigentlich besonders nützlich sein sollte, gar nicht zu benutzen wäre. Hierzu kamen nun noch unsere Observationen, die wir nur ein paar Tage vorher gemacht hatten. Sie wiederum liessen auf einen Fehler an dem Sextanten schliessen.

Ich dachte, ich hätte mich hinlänglich überzeugt, dass der Chronometer seinen Gang verändert hatte und reduzierte daher die Verspätung desselben auf die ganze Zeit, die wir in See waren, was ungefähr den dritten Teil der von dem Chronometer angegebenen Verspätung von 1 bis 2 5/10 Minuten ausmachte.

Zufällig geriet ich auf den Gedanken, zu untersuchen, ob das Land richtig in der Karte niedergelegt war. Ich fand zu meiner grössten Verwunderung Tristan Point auf 17° 32' West-Länge in der Karte niedergelegt, der wirklich nur auf 17° 15' Länge liegt, was folglich einen Unterschied von 17' ausmacht. Dieses rechtfertigte meinen Chronometer wieder.

Ich verwende sehr viel Geld an Karten und Bücher und bin überzeugt, dass ich die neuesten Karten für jedes Fahrwasser mit mir führe. War aber schon eine so bekannte Insel wie Madeira so fehlerhaft in den gegenwärtigen englischen Karten niedergelegt, dann werden die neueren Karten vielleicht den alten wenig vorzuziehen sein.

Bei der Mittag-Observation und Peilung von Tristan Point jedoch — besagte 17' Fehler mit in Rechnung gebracht — befanden wir unseren Chronometer ungefähr recht, wenigstens liess sich kein Fehler — trotz mangelhafter Peilung — finden.

Am 16. September sahen wir die Kanarischen Inseln, namentlich Palma, das wir jedoch fünfzehn Meilen zu Westen passierten. Teils wegen der auf diesem Breitenstrich stets vorherrschenden heiteren Luft und teils wegen der furchtbaren Höhe dieser Inseln, sieht man dieses Land oft schon auf hundertzwanzig Meilen Abstand.

Nun werde ich den Zustand der Passagiere schildern, deren Lage sich mitleidsvoll darstellt.

Mit sechsundzwanzig Kranken verliessen wir die Elbe. Dann machte die Seekrankheit auch den Rest, bis auf zwei bejahrte Männer, bettlägerig. Die Mehrzahl erholte sich sehr langsam, denn die bejahrten Leute, die in ihrem ganzen Leben nichts als ihre ländlichen Speisen, meist aus Milch und Kartoffeln bestehend, gewohnt waren, konnten sich durchaus nicht an die Schiffskost gewöhnen. Die heisse Zone machte den Menschen merklich zu schaffen. Besonders im Schiffsinneren, bei dem Gedränge so vieler Menschen, war die Hitze furchtbar. Sie stieg soweit, dass man mir eine Stange Siegellack zeigte, die in Papier eingewickelt in einer Kiste gelegen hatte, und die in einem Klumpen zusammengeschmolzen war. Kränklichkeit herrschte überall. Sie schien mit jedem Tage zuzunehmen. Todesfälle ereigneten sich auch häufiger, so dass bis dahin, am 24. September, die achte Leiche über Bord gesetzt werden musste.

Der Doktor erklärte die unter dem Volk herrschende Krankheit für Typhus oder Nervenfieber und verlangte im Namen der ganzen Gesellschaft, ich möchte Land suchen, weil diese Krankheit täglich weiter um sich griffe.

Ich sagte dem Doktor: «Solange meine Mannschaft gesund bleibt, so dass ich das Schiff vorwärts bringen kann, und kein Mangel an Lebensmitteln eintritt, sehe ich keinen ausreichenden Grund, einen Hafen zu suchen. Und auch an dem Schiff selbst fehlt nichts. Nur wenn die Krankheit weiter so zunimmt, und Ihr mir sichere Bürgschaft stellt, die durch die Unterbrechung erwachsenden Unkosten zu bestreiten, werde ich einen Hafen anlaufen. Sollten die Gründe aber darin liegen, dass ich mit meinen Leuten die Reise nicht weiter fortsetzen kann, dann sollen die dann entstehenden Unkosten mir und dem Schiff zur Last fallen.»

Der Doktor erwiderte, er erkläre als examinierter praktischer Arzt, es sei höchst notwendig, dass ein Hafen gesucht würde, so dass die Menschen auf einige Tage aus dem Schiff kämen, damit sie sich während der Zeit, in der das Schiff gereinigt würde, auf dem Lande wieder erholen könnten.

Ich erwiderte dem Doktor abermals, ich suchte keinen Hafen, solange die Notwendigkeit nicht höher stieg, und geschehe es dann Ihretwegen, müssten Sie mir entweder, wie bereits gesagt, sichere Bürgschaft oder Kontanten zeigen, die Unkosten zu decken.

Wiewohl diese Menschen bei ihrem festen Vertrauen auf Gott eine bewunderungsvolle Gleichgültigkeit zeigten, bei dem Ableben der Ihrigen verging ihnen doch nach und nach der Mut. Allenthalben hörte man ihr Jammern und Wehklagen: «Ach, es wird keiner von uns nach Australien kommen, wir werden noch alle über Bord müssen.»

Der sogenannte Skorbut stellte sich auch bei vielen ein und vergrösserte noch das Leiden. Sie hatten nämlich dick geschwollene Füsse und

Beine, und die Zähne lösten sich im Mund. Das ist der Anfang dieses Übels.

Man wird aus der bisherigen Beschreibung leicht meine Lage beurteilen. Wir befanden uns in der Nähe der Kapverdischen Inseln und hätten freilich Port de Grace anlaufen können, auch würde ich mich bequemt haben, uns ein paar Tage dort aufzuhalten. Allein, so lange auf See-Reede zu liegen, bis die Menschen wieder alle an Land kuriert wären, auch wenn sie selbst die Kosten trügen, darauf konnte ich mich nicht einlassen. Dazu hatten wir auf diesen Inseln auch keinerseits Kredit. Und so viele Kontanten waren nicht an Bord, um den Kostenaufwand für eine Reinigung des ganzen Schiffs zu decken. Ausserdem waren wir erst vierunddreissig Tage in See. Sollten wir jeden vierunddreissigsten Tag einen Hafen suchen, uns zu reinigen? Wann würden wir dann nach Süd-Australien kommen?

Ich suchte den Leuten unsere Lage aufs vorteilhafteste zu schildern, tröstete sie mit der brasilianischen Küste, die wir noch immer anlaufen konnten, wenn die Not grösser werden sollte. Die zweckmässigsten Massnahmen zur Wiederherstellung der Gesundheit wurden getroffen. Die Hälfte der Gesunden hielt sich Tag und Nacht im Wechsel mit der anderen Hälfte an Deck auf. Dadurch hatten die unter Deck, vor allem die etwa dreissig Kranken, mehr Luft und Platz. An allen Luken wurden Windsegel niedergelassen, zwei- bis dreimal täglich wurde mit Essig und Wacholderbeeren geräuchert, sowie die Betten täglich zum Auslüften an Deck gebracht. In Bahia war mir ein Ferkel geschenkt worden, das nunmehr zu einem völligen Schwein herangewachsen war. Obwohl es von dem Abfall des Schiffsproviants gefüttert wurde, der sonst über Bord ginge, betrachtete ich das Schwein doch als mein Privateigentum. Unter diesen Umständen aber schenkte ich das ganze Schwein an die Passagiere. Es wurde an einem Tag zubereitet und verzehrt. Diese Mahlzeit schien die Leute wieder recht zu erfrischen. Sauerkraut war auch noch genug vorrätig, welches wir ihnen vorzugsweise zu essen empfahlen.

Jetzt werde ich wieder unsere Schiffsereignisse schildern und später der weiteren Geschicke der Passagiere gedenken. Zur Sicherung unserer Länge babsichtigte ich, der Insel St. Antoni ins Gesicht zu laufen. Wir setzten unseren Kurs daher zwei Meilen zu Westen besagter Insel weg. Gewöhnlich ist die Atmosphäre in der Gegend der Kapverdischen Inseln wenn nicht eben trübe, so doch sehr unsichtig, was dieses Mal ganz besonders der Fall war. Ein ganz feiner rötlicher Staub färbte selbst die Segel ganz braun. Er sammelte sich natürlich auch unten an den Luken. Ich habe diesen Gegenstand genau untersucht, er schien ausserordentlich farbecht zu sein, und auch die Segel hielten lange die davon angenommene Farbe. Es wird behauptet, dass dieser Staub in der Arabischen Wüste entsteht, und dass ihn der Ost-Passatwind so weit über das Meer forttreibt. Genug, unser Gesichtskreis wurde dadurch so beschränkt, dass man nicht über eine Meile Distanz weit sehen konnte. Deshalb wurde mein Wunsch nicht erfüllt, die Insel St. Antoni zu erblicken. In der Hoffnung, der Insel Bravo ansichtig zu werden, steuerten wir Südost bis Süd so hoch, wie der damals aus Ost wehende Wind es zuliess, doch auch hier verfehlten wir unseren Zweck, indem wir die Insel passierten, ohne sie gesehen zu haben.

Am 30. September auf 9° 15' Nord-Breite und 20° 27' West-Länge verliess uns schon der Nordost-Passatwind. Nachts zwischen dem 1. und 2. Oktober preite uns das holländische Schiff «Adolf» — unter Kapitän H. von Deek von Rotterdam nach Batavia bestimmt, — dessen Chronometer-Länge war einige Minuten zu Osten unserer. Gegen Mittag des 2. Oktober passierten wir einen Amerikaner, dessen Länge so weit zu Westen der unseren war, wie jene zu Osten. Ich denke, nun sicher sein zu können, dass unser Chronometer stimmt. Aus eigener Erfahrung bin ich überzeugt, dass man viel gewinnt, wenn man den Äquator westlich kreuzt, wie es nur mit gutem Vorbedacht auf die dort stattfindende westliche Strömung zu wagen ist, um im Osten von Cap Roque wegzukommen. Auf 26° bis 27° West-Länge wird man, glaube ich, selten Windstille antreffen, jedoch östlicher trifft das sehr häufig zu. Ich hatte nicht versäumt, vor meiner Abfahrt alle mögliche Kunde einzuziehen, bei Kapitänen, die früher in Ost-Indien gewesen waren. So fehlte es mir ebenfalls nicht an den neuesten Direktionen. Alles lief darauf hinaus, dass man zwischen 16 und 18° West-Länge den Äquator kreuzen müsste. Ein bekannter Kapitän, der drei Reisen nach Batavia gemacht hatte, sagte mir sogar, dass er auf 14° über den Äquator gekommen sei. Da sich unsere weitere Fahrt ostwärts richtet, ist es einleuchtend genug, dass man seine Distanz bedeutend verkürzt, wenn man so früh wie möglich seinen Kurs östlich ausrichtet. Wenn auch gleich einige Tage Windstille unter der Linie eintreten sollten, würde man trotzdem gegenüber dem weiten Umweg bedeutend gewonnen haben.

Nachdem, wie bereits erwähnt, der Passatwind uns früh verlassen hatte, suchten wir nach der üblichen Regel mit südlichem Wind bis auf 16° West-Länge nach Osten zu kommen. Ich bemerkte bei dieser Gelegenheit einen ostnordostwärts fliessenden Strom, der jedoch östlicher zunahm, und uns auf 5° 30' Nord-Breite und 16° 23' West-Länge in 24 Stunden 18 Minuten um 4 1/2 Meilen ostwärts versetzte. Wir wendeten wieder nach Westen, fanden, dass der erwähnte Strom in demselben Verhältnis bei diesem Kurs wieder abnahm, wie er bei dem entgegengesetzten Kurs zugenommen hatte. Zu Westen auf 23° Länge drehte der Wind sich östlich, wir kreuzten am 10. Oktober den Äquator auf 24° 10' West-Länge. Hier bemerkten wir eine leichte westliche Strömung, die wir jedoch nicht über 8 Minuten in 24 Stunden befunden haben, und die sich auf 5 bis 6° südlicher Breite ganz verlor.

Bevor ich jedoch mit meinen Schiffsereignissen jenseits des Äquators fortfahre, werde ich den weiteren Erfolg der Passagiere erwähnen.

Am 24. September hatten wir noch eine grosse Anzahl Kranker. Von diesen waren bis zum 10. Oktober zwei erwachsene Personen gestorben, die übrigen waren fast alle völlig wiederhergestellt. Unter den Kindern verbreitete sich ein grober Ausschlag, der das Ansehen von Windblattern hatte. Nachdem es alle durchgemacht hatten, blühte völlige Gesundheit auch unter der Jugend.

Ein Knabe stürzte die Zwischendecktreppe hinunter. Er fiel auf eine Frau, die im fünften Monat schwanger ging, worauf sie nachts darauf von einem ganz kleinen weiblichen Geschöpf entbunden ward. Es starb jedoch eine halbe Stunde nach der Geburt. Diejenigen, die an Skorbut litten, bekamen, wie bereits gesagt, fleissig Sauerkraut und rohe Kartoffeln dargereicht und wurden zur Bewegung angehalten. Auch sie alle wurden wiederhergestellt. Ob unsere zweckmässigen Vorkehrungen hier die erwünschten Folgen hatten oder Gott seine Allmacht mittelbar offenbarte, lasse ich dahingestellt — kurz, die ganze Gesellschaft war wieder gesund, als wir den Äquator passierten. Die Toten waren vergessen, neuer Mut und neues Leben belebte wieder das Ganze.

Bis auf 7° 8' Süd-Breite hatten wir veränderlichen Wind, dann aber trat der Südost-Passat ein, der sich auf 12° 30' Süd-Breite und 24° 57' West-Länge östlich, später auf Ostnordost und Nordost drehte. Wir benutzten diese Gelegenheit, wieder Ost zu gewinnen und steuerten so nahe an den Wind, dass die Oberleesegel ordentlich voll standen. Wir befanden uns am 28. Oktober mittags gerade auf dem Tropic of Capricorn, nämlich auf 23° 27' südlicher Breite und 21° 16' West-Länge. Bis auf 25° Süd-Breite blieb uns der Ost-Passat getreu, drehte sich dann nördlich und später auf Nordwest, womit der Wind stark zunahm, so dass das Schiff eine volle Last hatte, die drei vollen Marssegel und die Fock vor dem Wind zu tragen. Die Luft war trübe, und abwechselnd stellten sich Regenschauer ein. Wir steuerten gerade vor dem Wind Südost.

Am 1. November befanden wir uns auf 27° 17' Süd-Breite und 13° 31' West-Länge. Im starken Regen sprang der Wind plötzlich auf Süden, nahm danach ab und die Luft wurde heiter. Nachts wurde es ganz windstill, was zweimal vierundzwanzig Stunden anhielt. Der Himmel bezog sich wieder mit leichten grauen Wolken, so dass sich während der Stille auch kein Himmelskörper sehen liess.

Als wir am 4. November wieder eine Sonnen-Observation hatten, fanden wir uns in den zwei Tagen 25 Minuten nordwärts versetzt. In langsamer Bewegung wühlte eine hohe Dünung aus Südwest, welche vielleicht etwas zu dieser unerwarteten Versetzung mit beigetragen haben mag. Dahingegen hatten wir doch stets so viel Kühlung, bald östlich, bald westlich, dass das Schiff sich steuern liess und fortwährend zwischen Südost und Südwest gerichtet lag. Durch öftere Beobachtung habe ich mich überzeugt: solange die «Zebra» sich in gemässigtem Seegang steuern lässt, geht sie eine Meile per Wache durchs Wasser. Wäre das Schiff nun auch wirklich gar nicht über den Boden fortgeschritten, bin ich doch sicher, dass der Anschlag der Dünung es gestoppt hat. Ich kann daher sicher diese Versetzung einem nördlich fliessenden Strom zuschreiben, obwohl doch die neuesten Karten, wie auch die Direktionen für diese Gegend einen südwestlichen Strom angeben.

Nachdem der Wind wiederum zunahm, drehte er sich von Süden nach und nach östlicher. Sobald wir nur Südsüdwest ansegeln konnten, liess ich wieder die Obersegel setzen, um unsere Fahrt nach Süden zu beschleunigen, in der Meinung, zu nahe der Tropen zu viel Ost genommen zu haben. Am 6. November befanden wir uns auf 32° 6' Süd-Breite und 10° 11' West-Länge, wo wir dann mit nördlichem Wind unseren Kurs abermals nach Südost forsetzten.

Sollte ich je wieder eine Reise nach Ostindien um diese Jahreszeit machen, so würde ich versuchen, wenigstens zu Süden des Tropic of Capricorn zu kommen, ehe ich zu Osten 14° West-Länge überschreiten würde. Keineswegs kann ich dieses systematisch anführen, nur bin ich durch meine Beobachtung davon überzeugt, dass, je östlicher man auf diesen niedrigen Breitengraden kommt (das heisst vom Äquator auf 22° Süd-Breite), wird man immer schwächere Kühlung finden, was sich auf niedrigeren Längengraden wieder ändern mag. Ich habe das nicht untersuchen können und kann es daher nicht als begründet anführen.

Die Variation des Kompasses im Südatlantischen Ozean hat nie mit den neuesten Karten übereingestimmt, da solche sehr veränderlich angegeben werden und sogar an einigen Stellen auf zwanzig Meilen Distanz 7° Unterschied zeigten. Wir haben bei mehrfacher Untersuchung stets 6 und 7, auch 5° westliche Variation mehr befunden als angegeben ist.

Die Witterung südlich des Tropic of Capricorn und in der Nähe vom Kap der Guten Hoffnung ist sehr veränderlich, wobei man in dieser Gegend besonders auf gute Segel zu achten hat. Gewöhnlich dreht der Ostwind sich mit trüber Luft von Osten nach und nach nördlicher. Ist er erst auf Nord-Ost, dann fängt es an zu regnen und zwar mit so viel Wind, dass man die vollen Marssegel und die Fock ordentlich auf halbem Wind führen kann. Aus dieser Richtung kann es manchmal vierundzwanzig Stunden hindurch wehen und regnen. Plötzlich aber, ohne dass man das geringste Zeichen in der Luft zu erkennen vermag, fliegt der Wind dann willkürlich nach der entgegengesetzten Richtung auf Südwest oder Süden und weht dabei in demselben Augenblick ebenso stark wie vorher. Die Wellen sträuben sich dann gegeneinander, so dass man vor Staub auf Deck kaum Luft einatmen kann. Unmöglich kann ein Schiff so geschwind vor dem Winde wieder abgelängt werden (oder abfallen), dass die Segel sich wieder füllen ohne schwere Schläge zu nehmen. Das können diese alten Segel, die noch dazu voll Wasser hängen, oft nicht ertragen. Zu wiederholten Malen ist uns dies passiert. Gewiss wurde die grösste Vorsicht gebraucht, die Hintersegel früh eingenommen, — allein einen günstigen Wind lässt man auch nicht ungenutzt über den Kopf wehen. Bei einem dieser Ereignisse zerriss uns innerhalb von Minuten das Kreuzsegel, Bugsegel, die Fock, das Vormarssegel, Klüwer und Vorstengestagsegel. Bloss das Grossmarssegel war neu und blieb uns.

Die Kälte nimmt zu Süden des Äquators ungleich stärker zu als zu Norden. Auf dem Tropic of Capricorn, 23° 28' Süd-Breite, stand mein Thermometer in der Sonne auf 115 Grad Fahrenheit, auf 35° Süd-Breite fiel es schon mittags auf 64 Grad herunter. Hoher Seegang ist in dieser Gegend vorherrschend, und öfters, wie bereits gesagt, trübe Luft, die uns selten Gelegenheit gab, eine Längen-Observation an den Himmelskörpern vorzunehmen. Nur den Chronometer berechneten wir täglich, wenn die Sonne sich sehen liess, der jedoch 3 bis 4° östlicher stand als die gemutmasste Länge. Sowohl der Insel Trinidad, als auch den Refreshment-Inseln beabsichtigte ich ins Gesicht zu laufen, um mich wieder von dem Gang des Chronometers zu überzeugen. Der Wind drehte sich aber, so dass dies nicht hätte ohne Zeitverlust geschehen können, und deswegen unterblieb es.

Endlich, am 10. November, gab uns gemässigter Seegang und heiterer Himmel Gelegenheit, eine sichere Observation von Sonnen- und Monddistanz zu beobachten, die wir mit dem Chronometer korrigierten. Wiewohl ich von meinem eigentlichen Zweck abweiche, wenn ich diese Berechnung hier mit eintrage, scheint es mir doch den Platz zu verdienen, um von Sachkundigen eines flüchtigen Überblicks gewürdigt zu werden. Wer weiss, ob die Nachwelt nicht kürzere Methoden ausfindig macht, und unsere gegenwärtigen Methoden gar nicht mehr anwenden wird. Deshalb soll nachstehendes Exempel zum Angedenken dienen, zur Belehrung, wie viele Schwierigkeiten es uns jetzt kostet, sich auf seine Länge zu sichern.

Am 10. November 1838, um 8 Uhr 48 Minuten 20 Sekunden Greenwichs mittlere Zeit (per Chronometer), auf 35° 40' Süd-Breite und ungefähr 0° Länge beobachteten wir:

die Distanz zwischen Sonne und Mond nächst den Rändern	76° 8' 30"
die Sonnenunterrand-Höhe war	47° 42'
des Mondes Oberrand-Höhe war	33° 49'

Es wurde die wahre Länge sowohl nach dem Chronometer wie nach der observierten Distanz gesucht.

N. B.: Der Chronometer war am 10. November 3 Minuten 46 Sekunden zu spät für Green-

wichs mittlere Zeit und verspätete sich täglich
2 5/10 Minuten.

Jetzt folgt die Berechnung der Observation,
die ich hier nicht angebe.

Die Observation, die sicher richtig beobachtet war, gab mir wieder neues Vertrauen zu
dem Chronometer. Ich freute mich, im Besitz
einer so köstlichen Uhr zu sein. Zwischen dem
15. und 16. November passierten wir das Kap
der Guten Hoffnung auf 5° Abstand.

Seitdem wir den Äquator passierten, trug sich
bis hierher nichts Bemerkenswertes unter den
Passagieren zu. Ich lernte den Charakter dieser
Menschen genau kennen und werde deshalb
einige Zeilen darüber hier schreiben.

Zunächst mag die Eintracht als Muster der
ganzen Menschlichkeit geschildert werden, die
unter diesen Leuten herrschte, wenn man bedenkt, wie die Bemittelten ihr Vermögen für die
Unbemittelten darbrachten, der eine mehr, der
andere weniger, ungewiss ob sie je einen Heller
wieder davon erlangen würden. Auch wer
nichts zum Unterhalt beitragen konnte, wurde
dennoch mitgetragen, hatte dieselben Rechte
auf der Reise, sowohl an Platz wie an Essen und
Trinken, die diejenigen genossen, welche das
Geld dazu hergegeben hatten.

Mehr noch: Wenn jemand nicht mit den Speisen zufrieden war, die dargereicht wurden, war
es sicher einer, der keinen Pfennig zu dem Ein-
kauf mit beigetragen hatte. Abwechselnde Zän-
kereien unter ihnen blieben nicht aus. Doch

waren es nur sieben oder acht Personen, die gewöhnlich diese Uneinigkeiten stifteten. Durch Drohung, von den übrigen abgesondert zu werden, haben diese sich auch in der letzten Zeit nicht mehr verlauten lassen. Meist die Leute, die zu Hause kaum das trockene Brot gehabt haben, sind auf einer solchen Reise gewöhnlich die ungenügsamsten. Das habe ich auf meinen mehrmaligen Fahrten mit Auswanderern oft erfahren müssen. Aber nicht genug habe ich ihre Standhaftigkeit bewundern können, wie sie nach acht Jahren täglicher Verfolgung ihrem Glauben treu geblieben sind, selbst ohne gemeinschaftliche Zusammenkünfte, nachdem ihre Prediger von ihnen vertrieben worden waren. Sie waren, wenn man sie entdeckte, mit Geldstrafen sehr gedrückt worden. Dabei hatten sie nichts weiter getan, als dass derjenige unter ihnen, der sich begeistert fühlte, auftrat und für die Anwesenden eine Predigt hielt. So betrieben sie es auch an Bord und wichen dabei gewiss nicht von der lutherischen Glaubenslehre ab. Fälschlich sind diese Menschen in Hamburg als Mystiker oder Mucker ausgerufen worden. Sie sind Meilen Weges gereist, in Wäldern das heilige Abendmahl zu empfangen von ihren Predigern, die allenthalben als Flüchtlinge umherirrten. Ja, oft haben die Väter ihre Kinder aus Mangel an Predigern selbst taufen müssen.

Trotz allem zeigten sie einen ausgezeichneten Beweis von Gutmütigkeit. Mehrere Kopien von Ersuchungen an den König von Preussen um freie Religionsübung haben sie mir vorgelegt. Sie waren dermassen abgefasst, dass man es heute fast nicht glauben konnte, dass ihre Bitten ausgeschlagen wurden. Ihre alten Kirchen und Schulen wollten sie abtreten, sich selbst neue bauen. Auch das bedeutende Kapital, das der Gemeinde zusätzlich zu ihrer Kirche gehörte, wollten sie samt Kirchengebäude den Calvinisten übergeben. Sie hätten sich sogar gefallen lassen, in einen entlegenen Ort in Preussen vertrieben zu werden. Aber dessen ungeachtet sind alle ihre Bitten und Vorstellungen fruchtlos geblieben. Endlich haben sie zwei Deputierte aus ihrem Kreis gewählt, die ihre Bitten mündlich dem König vortragen sollten. Diese sind aber abgewiesen worden, weil der König ihnen keine Audienz geben wollte.

Die auf ihre wiederholten schriftlichen Bitten endlich erfolgte Erwiderung von der Regierung habe ich nicht gesehen, allein die übereinstimmende Aussage dieser verehrten Männer lässt mich an der Wahrheit nicht zweifeln. Danach hat die Regierung alle ihre Bitten abgeschlagen, und sie seitdem noch schlimmer verfolgt als früher. Dann, vor zwei Jahren, ist ihnen aber die Erlaubnis erteilt worden, auszuwandern, worauf viele ihre Habseligkeiten verkauften. Bevor sie jedoch abreisen konnten, ist diese Erlaubnis widerrufen worden. Die Menschen haben dann das meiste des erlösten Geldes untätig verzehren müssen, weil erst zwei Jahre später die endgültige Erlaubnis, auszuwandern, gegeben wurde. Viele unter ihnen sind dadurch in grosse Armut geraten. Dennoch hörte ich sie öfters in ihrem Abendgebet für den König von Preussen beten, dass Gott ihn wegen seines Verfahrens gegen sie nicht strafen möchte, sondern dass der König zu der Erkenntnis gelangen möge, wie ungerecht er sie behandelt habe, damit er nicht in seinen Sünden sterbe; wenn Gott ihm nur seine diesbezüglichen Sünden vergab, sie wären ihm in ihren Herzen versöhnt. Mein Verstand steht still bei diesen Gedanken, doch ich habe bereits früher gesagt, dass meine Absicht nur ist, die Ereignisse so darzustellen, wie sie mir begegnen, und nicht sie zu beurteilen.

Ein Stein mag sich erbarmen über den Anblick, ein ganzes Deck voll armseliger Menschen auf den Knien liegen zu sehen, die alle vereint Gott um Segen und Beistand zu ihrem Unternehmen anflehen. Wie oft habe ich die Worte beten gehört: «Nicht Begierde, einen fremden Weltteil zu sehen, nicht eitler Wunsch nach Schätzen hat uns zu diesem Unternehmen geführt, nur allein der Glaube an Dich, oh Gott, und Dein heiliges Wort hat uns diesen Schritt zu tun genötigt. Darum führe Du uns auf einen Flecken in Deinem Schöpfungsraum, worauf wir leben und Dein heiliges Wort lauter und rein verkündigen können.»

Die Genügsamkeit dieser Leute, sowohl an Essen und Trinken jetzt, wie auch früher an ihrem verlorenen landwirtschaftlichen Betrieb, kann ich ebenfalls nicht ohne Bemerkung übergehen. Sie haben nur von Milchspeisen, Kartoffeln und Brot gelebt. Luxusartikel wie Kaffee, Zucker, Tee und dergleichen, so haben mir selbst die Bemittelten unter ihnen gesagt, seien nie in ihre Häuser gekommen. Ihre Kühe, von denen sie die Milch hatten, haben sie anstelle von Pferden vor den Pflug gespannt. Ein Mann aus dem Dorfe Nickern, unweit Züllichau, namens Thiele, dem nur eine Kuh gehörte, hatte sogar stets seine Frau an der Seite der Kuh vor den Pflug gespannt und mit diesem ungleichen Paar sein Land bearbeitet.

Es waren Eltern unter ihnen, die ihre Kinder dort zurückgelassen hatten; aber auch Kinder, freilich erwachsene Leute, deren Eltern zurückgeblieben sind. Auch eine alte Frau von siebenundsechzig Jahren, die sich von ihren Kindern getrennt hatte, befand sich ganz allein unter den Passagieren. Sie besass nicht einmal ein Bett, worauf sie liegen konnte, viel weniger dass sie einen Heller Vermögen hatte.

Indem ich versuche, alles, was meine Aufmerksamkeit auf sich zieht, in diese Blätter einzutragen, füge ich eine Bemerkung bei über die vorzüglich erkennbaren Himmelskörper, die mir bei heiterem, gestirntem Himmel manche langweilige Nacht auf See verkürzt haben. Viele Sterne erster Grösse verliert man auf dem Weg nach Süden nach und nach aus dem Gesichtskreis, jedoch viele verblieben uns. Die meisten freilich aus entgegengesetzter Richtung als man sie in Europa vor sich sieht, was sich einleuchtend genug aus der Rundung der Erde erklärt.

Nur die Stellung des allgemein in die Augen fallenden Gestirns Orion, auch ‹der Riese› genannt, der sich in Europa um diese Zeit im Südosten über den Horizont emporhebt, sich beim Aufsteigen in einer schiefliegenden Stellung zeigt und in dem Meridian sich förmlich aufrichtet, weicht hier, auf 39° Süd-Breite und 44° östlicher Länge, nur vier Kompassstriche östlich von seinem dortigen Aufsteigepunkt ab. Dahingegen zeigt er sich hier in einer entgegengesetzten Stellung, nämlich auf den Kopf gerichtet. Worin diese verschiedene Ansicht gründet, hat oft meine Gedanken beschäftigt. Ich muss aber gestehen, dass ich mir selber nie diese Umstellung erklären konnte. Ich werde aber nicht versäumen, bei meiner hoffentlich glücklichen Rückkehr, deshalb bei sachkundigen Männern Erkundigung einzuziehen.

Wenn mich auch das Los so schnell nicht wieder treffen wird, mit einer Ladung Auswanderer eine so weite Tour zu unternehmen, so lässt sich doch nicht erwarten, dass die ganze Auswanderung, von Hamburg und Altona aus, hiermit geschehen sei. Schon manche meiner Berufsgenossen, die zum ersten Male Auswanderer geladen hatten, haben mich um zweckmässigste Ratschläge hinsichtlich einer solchen, für jeden Schiffer höchst unangenehmen Fahrt befragt.

Die Lebensmittel zu erhalten, ist natürlich das Wichtigste. Danach machten uns diesmal die Erhaltung der Bettstellen und das Kochwesen sehr zu schaffen.

Das mit den Bettstellen mag lediglich der Unaufmerksamkeit des Tischlers zuzuschreiben sein, der von Herrn Swaine zu diesem Geschäft bedungen war. Schon den zweiten Tag, nachdem wir in See waren, fielen die Oberbettstellen auf die Unteren nieder. Das war für die, welche in den Unterkojen lagen, lebensgefährlich. Wir mussten sie wieder hervorziehen. Ich habe dann Holz und Nägel hergegeben, die Betten wieder aufzurichten. Allein, weil die erste Anlage schon so schlecht gemacht war, dass bei geringster Bewegung des Schiffes die Untersten in Lebensgefahr lagen, sind die Oberbettstellen wenig gebraucht worden, so dass die armen Menschen manche Nacht bei Sturm und Kälte auf Deck oder unter Kisten unterkriechen mussten.

Obwohl unsere Küchenanstalt so zweckmässig eingerichtet war, wie es sich nach meiner Einsicht tun liess, — für eine Reise nach Süd- oder Nordamerika war sie auch wirklich musterhaft verfertigt, — wurde doch die in Lehm aufgeführte Mauer um die kupfernen Töpfe nach und nach baufällig und drohte im dritten Monat unserer Reise einzustürzen. Mit eisernen Tonnenbändern und einer Art Ton, den wir von Mehl und Asche bereiteten, machten wir uns, um die Reise fortführen zu können, die Mauer zur Not brauchbar. Diese Baufälligkeit rührte lediglich von der untersten Reihe Steine her, zwischen denen der Lehm vom Seewasser ausgespült war. Daraufhin musste der ganze Bau sich natürlich senken. Ich gebe zu, dass der

Lehm sich ungleich besser gegen Feuer konserviert als eine Kalkmauer, jedoch müsste notwendigerweise das Fundament, worum das Seewasser sein Spiel hat, etwa drei bis vier Mauersteine hoch in Kalk oder besser in Zement gemauert sein. Wäre dieses geschehen, würden wir gewiss kein Zerbrechen der Töpfe gehabt haben.

Zur Erhaltung des frischen Wassers wäre zu wünschen, dass nie alte Sprit-, Wein- oder Rumfässer zur Lagerung genommen werden. Auch wenn sie noch so gut gereinigt und ausgebrannt sind, wird das Wasser darin bald fast ungeniessbar. Will man keine neuen Fässer dafür verwenden, wäre doch sehr zu wünschen, dass man versuchte, wenigstens alte Wasserfässer zu nehmen.

In der ganzen Schöpfungsgeschichte hat meiner Meinung nach kein grösserer Wechsel an Wind und Wetter stattgefunden, als auf unserer Fahrt im Indischen Ozean vom Kap der Guten Hoffnung bis zur Insel St. Paul auf 38 und 39° südlicher Breite. Ein fast ununterbrochener stürmischer Wind, bald aus Süden, bald aus Norden und Westen, liess uns diese Fahrt vom erstgenannten Standpunkt bis zum letzteren in siebzehn Tagen zurücklegen. Es war eine Distanz von siebenhundertzwanzig Meilen, was im Durchschnitt für jede vierundzwanzig Stunden noch etwas über zweiundvierzig Meilen ergibt.

Hasbury's Direktion sagt, dass man sich nicht sicher auf die gegebene Länge von

St. Paul verlassen kann. Der Engländer legt diese Insel durch Observation von verschiedenen Schiffen auf 77° 53' östliche Länge nieder, der Nordamerikaner dagegen behauptet, ihre Lage durch wiederholte Observation, auf 77° 22' bis 25' befunden zu haben. Am 2. Dezember segelten wir abends bis auf 77° 14' östliche Länge per Chronometer, ohne des Landes ansichtig zu werden. Weil ich mich aber bei diesem Standpunkt vom Funktionieren unseres Chronometers überzeugen wollte, drehten wir abends unter dem Wind mit kleinem Segel bei. Nachts um zwei Uhr hielten wir wieder ab. Am 3. Dezember morgens um fünf Uhr erblickten wir die Insel St. Paul. Die Luft hielt sich den ganzen Tag trübe, so dass wir keine Observation nehmen konnten, jedoch, wie nach unserer Tages zuvor gehabten Observation berechnet, befanden wir diese Insel auf 77° 55' Ost-Länge per Chronometer. Diese paar Minuten Fehler konnten aber leicht an der Berechnung der gesegelten Distanz liegen.

Da ich später unseren Chronometer sehr korrekt befunden habe, kann ich wohl hierüber entscheiden, dass der Engländer die Lage dieser Insel richtig und der Amerikaner sie fehlerhaft angibt.

Um die Passagiere einmal wieder an dem Anblick von Land zu ergötzen, das sie nun in neunundsiebzig Tagen nicht gesehen hatten, setzten wir unseren Kurs etwa auf 3/4 Meilen Abstand zu Norden dieser unbewohnten Insel fort. Vor allem für die Leute war das Land eine interessante Erscheinung. Die Insel St. Paul ist der Beschreibung nach eine Merkwürdigkeit der Natur. Im Vorbeisegeln habe ich bloss aus der Ferne das mit so seltener Art von Naturereignissen begabte Bassin in Augenschein nehmen können. Es zeigte sich, wie in Hasbury's Direktion angegeben. Daher ist eine weitere Erklärung überflüssig. Ich glaube aber mit Sicherheit anführen zu können, wer, unsicher auf seine Länge, diese Insel aufsucht, wird zuerst unweit West von diesem Land eine ständige Veränderung der Farbe des Wassers wahrnehmen, welche ich zu Osten nicht bemerkt habe. Zweitens sahen wir, sobald wir das Land passiert hatten, mehrfach grosse Massen Seegras treiben, das sich zu Westen des Landes nie zeigte. Dieses Seegras ist aber anderer Art als im Atlantischen Ozean. Wie dicke Sträucher, mit grossen grünen Blättern, schwebt es leicht auf dem Wasser und erhebt sich sogar manchmal einhalb Fuss über die Meeresfläche empor. Es verliert sich jedoch wieder, nachdem man sich ostwärts von St. Paul entfernt. Zu Osten 90° östlicher Länge habe ich kein Seegras mehr gesehen.

Am 9. Dezember auf 100° östlicher Länge hatten wir abends zum ersten Mal, seitdem wir das Kap der Guten Hoffnung passierten, Gelegenheit, durch eine Azimut-Peilung die Variation des Kompasses zu erforschen, die weder in der Direktion noch in den Karten zu Osten der mehrfach benannten Insel St. Paul angegeben ist. Ich gebe zu, falls die Witterung in dieser

Gegend so vorherrschend ist, wie wir es beobachtet haben, mag es schwierig genug sein, hier mit der Variation bekannt zu werden.

Auf 39° 2' Süd-Breite und 99° 59' östlicher Länge befanden wir die Variation 14° 29' Nordwest, und am 12. Dezember auf 38° 20' Süd-Breite und 106° 58' Ost-Länge befanden wir sowohl durch einen sicheren Azimut als auch durch eine Amplitude die Variation 12° 29'.

Zu Osten 100° Länge hielt der Wind sich stets zwischen Nordwest und Nordost abwechselnd, wir hatten dabei viel Nebel und unsichtige Luft.

In dieser Gegend zeigten sich häufig Walfische neben dem Schiff. Die Luft war stets rauh und kalt. Auf 110° Länge schien die Temperatur sich auf einmal zu ändern, als wären wir in ein heisseres Klima hinübergefahren. Mein Thermometer stieg in vierundzwanzig Stunden um 8 bis 10 Grad. Mir war diese Veränderung sehr auffallend, da wir doch noch stets auf unserem vorbesagten Breitenstrich zwischen 38 und 39° ostwärts segelten. Die Luft wurde heiter und eine umlaufende Kühlung stellte sich ein. Ich kam zu der Meinung, dass der eigentliche Passatwind sich hier auf der Küste von Neu Holland ganz verliert, wie es auch um diese Jahreszeit wohl der Fall ist. Wir suchten daher, uns der Küste zu nähern, um unsere weitere Fahrt nach Osten durch die angeblich östlich fliessende Strömung längs der Küste zu unterstützen. Allein zu meiner nicht geringen Verwunderung befanden wir uns auf 36° bis 37° Süd-

Breite in 24 Stunden um 20 Minuten Nordost zu Nord per Compass versetzt, folglich setzt der Strom hier gerade auf die Küste zu. Hiermit verband sich eine hohe Dünung, die ebenfalls in schräger Richtung auf das Land zuwühlte. Ich fand die Annäherung an die Küste daher sehr bedenklich. Abends drehte der Wind auf Ostsüdost, womit wir genötigt waren, wieder südwärts abzuliegen. Wir fanden, dass oben besagter Strom sich zu Süden 37° 30' wieder verlor.

Seit dem 16. November habe ich die Passagiere nicht mehr erwähnt. Ich mag vielleicht ihren Charakter untadeliger geschildert haben, als er sich eigentlich in der Zeit bewährte. Ob es aber der Umstand der Untätigkeit dieser Menschen oder eine angeborene zänkische Neigung war, die dazu geführt hat, dass ich meine Meinung von ihrem Charakter ändern muss, lasse ich unberührt. Soviel ist gewiss: wenn der Mensch keine Nahrungssorgen, keine Beschäftigung, keine sonstigen Besorgnisse zu tragen hat, verfällt er auf so mancherlei zänkische Einfälle, die ihm sonst wohl nicht eigentümlich wären.

Diejenigen, die das Geld für die Überfahrt der Armen vorgeschossen hatten, wollten die Herrschaft als Vorsteher über alle anderen an sich nehmen und entwarfen allerlei Pläne, ihr Geld zu sichern. Die ganze Gesellschaft sollte schriftlich erklären, gemeinschaftlich diese Schuld zu tilgen, und sei es selbst durch Konfiszierung der der Allgemeinheit gehörigen Güter und des noch vorrätigen Proviants. Diejenigen aber, die ihre eigene Passage bezahlt hatten, wollten sich weder zum einen noch zum anderen verstehen und wollten ebenso wie jene ihren Anteil an dem Überschuss haben. Hinsichtlich des Küchenwesens wollten einige dieses, andere jenes essen, — für einige wurde zu viel, für andere zu wenig gekocht. Die Meister verschiedener Berufe stritten sich mit den Gesellen um die Meisterschaft. Sie meinten, wer in Preussen Meister gewesen war, müsste es in Australien wieder werden. Dies wollten sich die Gesellen nicht gefallen lassen. Dieser Streit dehnte sich so weit aus, dass Meister Behrend zuletzt die Bibel zur Hand nahm, daraus er den entscheidenden Machtanspruch herlas: — «Verflucht sei der vom HERRN, der in eines andern Handwerk eingreift.» Meister Behrend schien nicht abgeneigt zu sein, den Gebrauch der hölzernen Töffeln in Australien gänzlich zu verbieten.

Ich suchte alle diese Pläne aufs zweckmässigste zu verhindern. Früher habe ich schon einmal sieben oder acht Personen erwähnt, — dieselben zeigten sich auch hier wiederum tätig, Unheil unter der Gesellschaft zu stiften. Jedoch muss ich zu ihrem Ruhm sagen, dass sie meistens unbedingt Gehorsam geleistet haben, und nie ist der Streit unter ihnen wieder so heftig gewesen. Denn wenn ich dazwischen getreten bin und habe ihnen Stillschweigen geboten, schwieg jeder sofort.

Bis Kap Leuuwin, der Südwest-Spitze von Süd-Australien, begünstigte uns der Wind, wie bereits gesagt. Zum Schlusse meiner Schilderung der Schiffsereignisse lagen wir wieder südwärts aus. Ich machte hierbei die Feststellung, dass zu Süden 39° Süd-Breite der Strom uns ebenso stark südwärts versetzte, wie zu Norden 37° nordwärts. Dies hatte zur Folge, dass wir auf 41° Süd-Breite hinauskamen, so südlich, wie wir bisher noch nicht gewesen waren. Hier starb uns noch eine bejahrte Frau. Auch dieser Todesfall hatte etwas Bemerkenswertes an sich. Der Anfang ihrer Krankheit entstand, wie sie mir sagte, durch Ärger wegen Uneinigkeiten in ihrer Familie, die ihr Schwiegersohn gestiftet hatte. Nachdem sie drei Tage bettlägerig gewesen war, rief sie am 22. Dezember abends ihre Angehörigen zu sich, nahm von diesen Abschied und bat alle Anwesenden um Verzeihung, sofern jemand im Schiff war, der etwas gegen sie hätte. Dann faltete sie die Hände und fing an zu beten: — «Nun fahr ich hin zu Jesus Christ, meine Hand tu ich ausstrecken. . .» u. s. w. Das waren ihre letzten Worte. Nach ihrem Tode nahm der Körper eine ganz gelbe Farbe an. Sobald wir die Leiche am folgenden Tage über Bord gesetzt hatten, drehte der Wind wieder zu unseren Gunsten, und am 27. Dezember mittags erblickten wir unter dem Freudengeschrei der Passagiere die «Känguruh Insel».

Vor Anker in Süd-Australien

Am Abend erreichten wir die Investigator Strait. Den folgenden Tag segelten wir den Golf von St. Vincent hinauf. Mittags erblickten wir ein paar Schiffe vor Anker liegen. Mit dem Trost, dass wir doch nicht die einzigen waren, die an jenem Gestade landeten, setzten wir unseren Kurs auf diese zu und ankerten in ihrer Nachbarschaft. Das war am 28. Dezember nachmittags zwei Uhr, nach hundertneunundzwanzig Tagen Reise, in der Holdfast Bay.

In dieser Bay fanden wir einen äusserst elenden Ankerplatz; mir schien es schier unmöglich, hier zu löschen und zu laden. Am 29. Dezember fuhr ich nach der sogenannten Stadt Adelaide, die acht englische Meilen von der Bay entfernt lag. Ich suchte meinen Korrespondenten, Herrn Flaxman auf, verlangte die Gesundheits-Visite an Bord und wollte zugleich Erkundigung einziehen, ob wir mit unserem Tiefgang von vierzehn Fuss über die Barre und in den Hafen einlaufen konnten. Keiner konnte mir jedoch hierüber Auskunft geben, da die Lotsen-Station in Port Adelaide war, wiederum acht englische Meilen in einer anderen Richtung von der Stadt entfernt.

Ich schrieb daher einen Brief nach Port Adelaide an den Lotsenkapitän Lipson und bat ihn, mir gleich nach Empfang des Briefes einen Lotsen nach der Bay zu senden, wenn die erforderliche Tiefe für die «Zebra» auf der Barre vorhanden wäre.

Als ich gegen Abend wieder an Bord kam, sandte ich den Obersteuermann mit vier Mann in der Schaluppe den Golf aufwärts, die Einfahrt des Hafens und die Lotsen-Station zu erforschen. Die Schaluppe kam erst den folgenden Morgen, also den 30. Dezember wieder an Bord, ohne jedoch etwas Vorteilhaftes entdeckt zu haben. Die Männer hatten nur etwa vier Meilen nordwärts von uns einen Flaggenstock bei einer Hütte auf den Sandhügeln gesehen, was wahrscheinlich die Lotsen-Station sein konnte. Sie berichteten auch, dass sie in dem Abstand vom Lande, wie wir damals mit dem Schiff lagen, den ganzen Weg hinauf sieben Faden Wasser gefunden hätten. Es war ganz windstill. Ich beschloss, sobald der Seewind einkam, der gewöhnlich morgens um zehn Uhr eintrat, den Anker zu lichten und aufwärts zu segeln. Bevor der Wind uns jedoch dazu begünstigte, erhielt ich von dem Lotsenkapitän Antwort auf meinen Brief: Wir möchten nur unter Segel gehen, er wolle uns vor der Barre einen Lotsen entgegensenden, — was auch erfolgte.

Wegen zu geringem Wasserstand mussten wir vor der Barre ankern. Am folgenden Tag, also auf den Neujahrstag 1839, kamen wir glücklich über die Barre und gingen am 2. Januar in Port Adelaide vor Anker.

In Port Adelaide — auf der Suche nach Land

Jetzt werde ich das weitere Geschick der Auswanderer beschreiben, aber zum Ende wieder an unseren Ankunftspunkt zurückkehren.

Wir liessen auf der «Zebra» die erste fremde Flagge an dem Gestade dieser neuen Kolonie wehen, was mit Wohlgefallen die Aufmerksamkeit vieler gebildeter englischer Kolonisten auf sich zog. Daher kam am Tage nach unserer Ankunft eine ganze Gesellschaft vornehmer Personen zu uns an Bord. Sie bewillkommneten uns ganz freundlich und baten um Erlaubnis, ins Zwischendeck gehen zu können, um die Passagiere und unsere Einrichtung zu sehen, was ich ihnen mit Vergnügen zeigte. Freilich waren auf der Reise elf Personen gestorben, sechs Erwachsene und fünf Kinder, die übrigen aber, hundertsiebenundachtzig Seelen an der Zahl, lebten alle in blühender Gesundheit. Es war gerade an einem Sonntag, so dass die Leute sich auf ihre Art recht ordentlich gekleidet hatten. Das Zwischendeck war sauber und rein. Die grösste Ordnung herrschte unter ihnen und auf meinen Wink hörte man auch keinen Laut, während diese Herren durch das Zwischendeck gingen. Wer von ihnen befragt wurde, gab eine bescheidene Antwort, kurz, ich sah, dass die Kolonisten ihr grösstes Wohlgefallen an diesen Menschen hatten.

Als wir wieder auf Deck kamen, konnten diese Herren ihre Genugtuung über das Aussehen unserer Passagiere, sowie über die Reinlichkeit und Ordnung nicht genug zu erkennen geben. Ein Doktor aus Sidney war darunter — ein sehr geachteter Mann. Er versicherte mir, dass er seine Visite auf jedem Schiff zu machen hatte, das dort mit Auswanderern landete, aber nie habe er eine solche Ladung vorgefunden. Er befragte mich ganz genau, was für Lebensmittel ihnen gereicht worden seien und welche Massregeln ich ergriffen hätte, eine solche Reinlichkeit und Ordnung unter ihnen zu halten. Er notierte sich alles in sein Taschenbuch.

Nachdem ich die Herren von allem unterrichtet hatte, fuhren sie wieder ab und sandten sogleich zwei Schafe an Bord zur Stärkung für die Passagiere.

Gewiss werden sie ihre Eindrücke an Land ebenfalls nicht verschwiegen haben, weil, nachdem wir im Hafen angekommen waren, viele vornehme Leute nach dem Port gekommen waren, um unsere Auswanderer zu sehen. Täglich hatte ich mancherlei Anerbieten um Arbeiter, Knechte, Dienstmädchen, — allein, da meine Passagiere, wie früher erwähnt, ihres Glaubens wegen ausgewandert waren, wollten sie sich ungern trennen. Sie wünschten für sich eine Gemeinde zu bilden, wenn ihnen nur ein Flecken Land eingeräumt würde, worauf sie im Schweisse ihres Angesichts ihr Brot verdienen könnten.

In Port Adelaide hatten die deutschen Auswanderer, die früher mit der «Prince George» angekommen waren, einige Baracken aufgeschlagen, sich aber später auf sieben Jahre eine Sektion Land gemietet, dem Herrn Angas gehörend, zu fünf Pfund Sterling Miete per Acker. Diese zogen jetzt dorthin ab und die Unserigen konnten in deren Baracken. Die Auswanderer der «Prince George» hatten ihren Prediger A. Kavel mitgebracht, der allerdings noch in den Hütten zurückgeblieben war. Diesen nahm ich gleich nach unserer Ankunft zu mir an Bord, wo er auch während unseres Aufenthaltes blieb. Ich fand einen sehr honnetten Mann an ihm und denke mir den Mann ebenso rechtschaffen wie religiös.

Herr Angas hatte diesen Mann zwei Jahre lang in London unterhalten und die ganzen Transportkosten seiner Gemeinde mit der «Prince George» vorgeschossen, weshalb diese gewiss in einem ungleich grösseren Verhältnis von Herrn Angas abhängig waren, als die Unserigen, die insgesamt nur dreihundert Pfund Sterling Schulden hatten. Jedoch ging Pastor Kavels Bestreben darauf hinaus, eine zweite Sektion Land, ebenfalls dem Herrn Angas gehörend, in der benachbarten Gegend für die Unserigen zu mieten, daselbst eine Kirche und Schule zu bauen und so alle ausgewanderten Seelen zu einer deutschen Gemeinde zu vereinigen, deren Anzahl schon jetzt bedeutend war.

Es wurden gelandet

aus dem englischen Schiff	«Prince George»	124 Seelen
aus dem englischen Schiff	«Bengalee»	41 Seelen
aus unserer	«Zebra»	187 Seelen
aus dem Hamburger Schiff	«Catharina»	126 Seelen
		478 Seelen

Unsere armseligen Leute lagen wie verlorene Schafe in ihren Hütten herum. Mit der englischen Sprache unbekannt, wussten sie nicht, was sie tun oder lassen sollten, und waren folglich dem Spiel des Schicksals unterworfen. Sie waren jedoch so vernünftig, dass sie ihre eigenen wirklichen Verhältnisse erkannten, und obschon sie Herrn Pastor Kavel nächst Gott verehrten, genügten sie doch seinem Willen nicht, ohne auch meine Meinung zu ihrem Unternehmen zu hören.

Herrn Angas' Land ist wirklich der schlechteste Boden, den ich in dieser ganzen Kolonie gefunden habe. Auch das Land fast überall rings um die Stadt Adelaide ist nicht sehr fruchtbar. Man konnte dies jedoch bis jetzt noch nicht richtig untersuchen, weil ja erst seit zwei Jahren überhaupt Europäer hier sind. Nur an vier oder fünf Stellen habe ich einige Köpfe Kohl kärglich aus der Erde hervorschielen sehen, die mit aller Mühe durch täglich dreimaliges Begiessen gezogen wurden.

Da der Name Angas hier so häufig vorkommt, muss ich bemerken, dass Herr Angas Präsident der Süd-Australischen Compagnie in London war.

Da unsere Auswanderer fast alle Landleute waren und mehr Kenntnisse in dieser Hinsicht besassen als ich, konnte ich ihnen bloss raten, dass die Vorsteher erst einmal den Boden des ihnen von Pastor Kavel zugedachten Grundstücks untersuchten und sich darüber miteinander berieten, ob sich ihre achtunddreissig Familien darauf ernähren konnten. Ich kannte ihre Schwächen und sagte ihnen daher: «Geht nun erst einmal mit zehn der Vernünftigsten unter Euch dahin und bildet Euch ein eigenes Urteil über das Land und lasst dabei die engere Verbindung mit der Klemziger Kirche und Schule (die noch gebaut werden soll) ausser Acht. Ich weiss es, dass Ihr des Glaubens wegen ausgewandert seid, allein glaubt mir, die Sorge für die Seele verliert sich, wenn der Leib durch Hunger und Kummer entblösst wird. Gott hat Euch sowohl den Leib, als auch die Seele gegeben, und so lange wie er Euch Euer Leben lässt, müsst Ihr auch für den Körper sorgen. Überleget miteinander, ob der Boden auch etwas tragen wird, ehe Ihr Eure vorrätigen Lebensmittel verzehrt habt. Findet Ihr das nicht, dann bedenkt, wovon Ihr bis dahin leben wollt — ich bleibe nur noch kurze Zeit bei Euch.»

Hiermit machten sich die Weisesten und Ältesten auf den Weg, das entsprechende Grundstück zu begutachten, kamen aber wieder zurück und erklärten, dass sie unmöglich auf diesem ihnen zugedachten Land leben könnten. Auch hatten sie mit der Klemziger Gemeinde gesprochen, die ebenfalls erklärt hatte, dass sie auf ihrer Sektion auch nicht leben konnte. (N. B.: 1 Sektion sind 180 Acker und 1 Acker 720 Ellen.)

Die Lage dieser guten Menschen wurde durch diesen Bericht noch trauriger. Nachdem sie Herrn Flaxmans (Agent des Herrn Angas) Angebot und Pastor Kavels Anraten ausgeschlagen hatten, wussten diese auch nichts mehr für sie zu tun. Folglich lagen sie nun wieder in ihren Zelten, von dem einzigen Trost belebt, dass sie noch für ein halbes Jahr Lebensmittel vorrätig hätten. Sie suchten daher Beistand von mir, den ich auch, falls sie sich trennen wollten, für die brauchbaren Leute leicht verschaffen konnte. Bloss für die ganze Gemeinde eine Lösung zu finden — dazu waren die Aussichten trübe. Ich hielt es für meine höchste Pflicht, für meine Auswanderer zu tun, was ich vermochte. Zunächst erkundigte ich mich bei unparteilichen fachkundigen Männern, ob das den Leuten angewiesene Grundstück wirklich so schlecht war, dass sie nicht darauf leben konnten. — Jeder Gefragte bestätigte dies.

Wenig später war ich in Schiffsangelegenheiten in der Stadt und nutzte zugleich diese Gelegenheit, etwas zu Gunsten unserer Passagiere zu bewirken.

Der King's Treasurer Mr. Gilles, der sich gerne den Titel eines Finanzministers gab, hatte zwanzig Jahre in Hamburg gelebt und hielt sich daher für einen halben Deutschen. Er war einmal an Bord gewesen, als ich nicht da war, hatte mir später ein Billet geschickt und mich zum Mittagessen eingeladen. Der Mann galt als der reichste in der ganzen Kolonie und besass sehr viel Land in der umliegenden Gegend. Ich ging zu dem Manne hin und wurde recht freundlich aufgenommen. Mit Vergnügen liess ich mich in seinem neuen Anwesen umherführen, das wirklich sehr schön eingerichtet war. Endlich zeigte er mir auf einer Plankarte sein Eigentum an Land, dessen Umfang ich mit Verwunderung übersah.

«Nun», — setzte er hinzu, «das müssen Sie meinen Freunden in Hamburg, wie Senator Hudtwalcker, Konsul Swaine, Herrn Ramsen und Donner in Altona erzählen, wie ich es hier habe.»

«Das werde ich tun», — versetzte ich, «allein die Erzählung würde am interessantesten lauten, wenn ich sagen könnte: Herr Gilles hat für meine Auswanderer eine Fläche Land eingeräumt, worauf diese sich Hütten bauen und nähren können, und hat auf diese Art hundertsiebenundachtzig fromme Seelen in seinen Schutz genommen. Eine solch edle Tat würde Ihrem Namen in Hamburg Ehre machen. — Jetzt kann ich diesen Herren nur sagen: Herr Gilles sitzt an jenem Ende der Welt und häuft Schätze auf Schätze, ohne zu wissen für wen, und ohne unseren Deutschen mit seinem Vermögen beizustehen.»

Daraufhin schwand sein eben noch gepriesener Reichtum zu einem dürftigen Auskommen. Er zuckte mit den Achseln und sagte: «Die Leute beten und singen zu viel, sie sind gewöhnlich schlechte Arbeiter.»

Ich erwiderte ihm: «Wenn Sie als halber Deutscher nichts für diese armen Leute tun wollen, was ist dann von den Engländern zu erwarten, und was soll dann am Ende aus den Menschen werden? Es müsste ja an allen Ecken der Welt ausposaunt werden, dass sich ja kein Fremder einfallen lassen solle, nach dieser Kolonie auszuwandern. Wenn ich mit Gottes Hilfe wieder zurückkomme, werde ich unsere Deutschen wohl warnen.» Allein, meine Vorstellungen waren zu tauben Ohren gepredigt.

Ich begab mich hierauf zu einigen der Herren, die mich, wie erwähnt, in Holdfast Bay besucht hatten, und die ebenfalls eigenes Land in der Nähe der Stadt hatten. Aber bei ihnen richtete ich ebenso wenig aus wie bei Herrn Gilles, jedoch waren hier einleuchtendere Gründe vorhanden als bei jenem. Das Land des einen lag der Stadt zu nahe, so dass bei der kleinsten Erweiterung derselben, dieses vorteilhaft zu Bauplätzen benutzt werden könnte. Ein zweiter erwartete die Anlage einer Railroad oder Eisenbahn nach dem neuen Hafen mitten durch sein Land. Ein dritter, nämlich Herr Dutton (ein Bruder des Herrn Dutton in Cuxhaven), der eigentlich in Sidney wohnte, war gerade mit einer Ladung Schafe in Adelaide, und besass auch hier eine bedeutende Strecke Land. Dieser Herr Dutton wollte auf seinem Gebiet auch keine Auswanderer, sondern ein Haus für seinen jüngsten Bruder bauen. Kurz, ich kam wieder zu meiner betrübten Gesellschaft zurück, ohne etwas für sie ausgerichtet zu haben.

Es war mir gelungen, ein paar junge Leute unter vorteilhaften Bedingungen zu vermieten und häufig wurde ich nach weiteren gefragt. Alle jungen Leute waren geneigt, Dienste anzunehmen, allein auch hier schaltete sich Pastor Kavel ein. Erst wollte er sich nach dem Charakter der jeweiligen Herrschaft erkundigen. Wurde die von ihm von unbescholtenem Ruf gefunden, ging er hin und stellte die Bedingungen, dass sie jeden Sonntag einmal zur Kirche gehen konnten. Und dann forderte er gewöhnlich einen so hohen Lohn, dass die Nachfrage nach unseren Leuten immer mehr nachliess.

Pastor Kavel hatte für seine Klemziger Gemeinde eine Anleihe von tausendzweihundert Pfund Sterling gemacht, um Vieh zu kaufen. Dieses Geld mussten die Leute mit zehn Prozent verzinsen. Sie versuchten nun wieder die Unserigen zu überzeugen, das Land von Herrn Angas in Pacht zu nehmen und eine ähnliche Anleihe zu nehmen. Die Vorsteher fragten mich um meine Meinung, und ich sagte ihnen: «Ich mache Euch einen Vorschlag: Das erste ist, dass Ihr so viel Land braucht, dass achtunddreissig Hütten gebaut werden können, mit Garten für jede, worin ihr Kohl, Kartoffeln etc. anbauen könnt. Den Gartenbau müssen die Alten und die verheirateten Frauen betreiben. Die verheirateten Männer und Handwerksleute müssen als Tagelöhner arbeiten, deren genug gesucht werden. Die unverheirateten jungen Männer müssen sich als Knechte und die jungen Mädchen als Dienstmägde vermieten. Und so, wie Eure Vermögensumstände zunehmen, mietet Ihr nach und nach mehr Land und schafft Euch auch mehr Vieh an, wenn Ihr auch erst mit ein paar Hühnern oder einem Schaf anfangen müsst. Vor allen Dingen hütet Euch und macht nicht noch mehr Schulden als Ihr bereits habt.»

Dieser Meinung pflichteten sie alle bei, — aber woher war das Land zu erhalten, die Hütten darauf aufzubauen? Später erschien ein Aufruf in der dortigen Zeitung, «Southern Australian» genannt, eigentlich an mich gerichtet und von den vornehmsten Kolonisten unterzeichnet, der jedoch zugleich meine Auswanderer wieder in besonderen Kredit setzte. Nun wurden wieder häufiger Arbeiter und Dienstmädchen von der «Zebra» gesucht.

Herr Dutton, der mir seit unserer ersten Bekanntschaft in Holdfast Bay alle erdenkliche Freundschaft und Gefälligkeit erwiesen hatte, sowie die damals in Adelaide befindliche Gesellschaft aus Sidney kamen zu mir an Bord und erzählten mir, dass sie jenseits der die Stadt umschliessenden Gebirge, in der Gegend von Mount Barker viertausend Acker Land angekauft hatten. Sie konnten nicht genug den dortigen Boden sowie die Lage des Landes loben. Auch waren schon sieben oder acht Personen von meinen Auswanderern dort drüben gewesen, deren Aussagen über die Schönheit des Landes das bestätigten. Mehrmals bereits hatten sie mir gegenüber den Wunsch geäussert, sich dort anzusiedeln, was aber ohne besondere Hilfe der englischen Kolonisten ganz unmöglich war. Und so versäumte ich nicht, den Herren meine Auswanderer abermals ans Herz zu legen. Auf einer so grossen Fläche Land schien mir der kleine Flecken von achtunddreissig Äkkern, auf dem jede Familie ihre Hütte und ihren Garten bauen konnte, überhaupt nicht aufzufallen.

Ob diese Herren sich meinen Vorschlag nun näher überlegt haben, kann ich nicht wissen, —

aber, mein Anliegen wurde erneut abgeschlagen. Ich liess deutlich mein Missvergnügen über das Verfahren dieser Herren, die wohl als die Verantwortlichen der Kolonie gelten konnten, erkennen. Auch der schon erwähnte Schatzmeister Gilles war gegenwärtig und vernahm zum zweiten Mal meine Meinung.

Die Hoffnung musste also aufgegeben werden, von Seiten der Beamten und Vornehmsten der Stadt Beistand zu erhalten. Ich konnte den armen Menschen daher weiter nichts raten, als sich endlich neben den Klemzigern auf Herrn Angas' zweiter Sektion niederzulassen. Wiederum wurden Deputierte gewählt, die den Boden des Landes nochmals untersuchen sollten.

In der Zwischenzeit erhielt ich einen Brief von den Besitzern des neu angekauften Landes, dass am folgenden Tag, dem 24. Januar, eine Lustfahrt nach Mount Barker stattfinden sollte. Man lud mich ein, das schöne Land, zwanzig engl. Meilen von der Stadt entfernt, zu besuchen. Besonders wünschten sie meine Gegenwart, damit ich Augenzeuge sein sollte von dem köstlichen Boden jenseits der Gebirge, da meine diesbezüglich gewiss unparteiische Aussage in Europa grossen Einfluss haben konnte.

Die zweite Deputation meiner Auswanderer kam wieder zurück mit der abermaligen Erklärung, dass sie auf Angas' Land nicht leben könnten: der Grund sei so felsenfest, dass der Boden erst aufgekapt, dann aufgehackt und endlich gegraben werden müsste, ehe sie eine

Pflanze in die Erde bringen könnten. Allein, da keine anderweitigen Aussichten da waren, musste am 25. Januar eine Unterhandlung mit Herrn Flaxman um besagtes Grundstück vorgenommen werden. Sie konnten in ihren Hütten bei Port Adelaide doch nicht ewig sitzen bleiben.

Das Gelobte Land

Den 24. Januar machte ich mich morgens früh auf und trat meine Reise an. In Adelaide sammelte sich die ganze Gesellschaft. Ich getraute mir nicht, den weiten Weg zu Pferde zu machen. Ich und Herr Dutton nahmen daher Platz in einem Wagen, ein zweiter Wagen folgte, mit Damen besetzt. Zwölf Personen waren zu Pferde, der ganze Zug bestand aus achtzehn Personen ausser den Bedienten, die zu Fuss hinter den Wagen folgten. Um elf Uhr war der zweitausendvierhundert Fuss hohe Mount Lofty erstiegen, von wo aus sich uns die schönste Aussicht darbot. Am Fusse des Berges lag das sieben bis acht Meilen ebene Land, das sich nach Westen bis an das Meer erstreckte. Am untersten Horizontkreis sah man noch die Schiffe in Holdfast Bay vor Anker liegen. In dieser Ebene waren die Ansiedler wie Ameisen beschäftigt, Hütten und Häuser zu bauen, um die Stadt Adelaide zu vervollkommnen. Rechts gegen Mitternacht waren unsere deutschen Auswanderer beschäftigt, ihre Hütten nach

Bauernart aus Laub und Strauch zu bauen und ihr Dorf zu gründen, das sie nach ihrem Geburtsort Klemzig benannten. Links gegen Mittag weideten die Hirten ihre Triften auf den von der Natur grün gefärbten Wiesen. Die Nordostseite dieses Berges fiel sehr steil in ein tausendachthundert Fuss tiefes Tal hinab, das jedoch mit schönen Bäumen ausgepolstert war; die Südwestseite lehnte sich an eine lange Reihe Gebirge, die sich in schräger Richtung nach und nach in die Ebene verloren. Nach Osten verdunkelte Wald und gebirgiger Boden die weitere Aussicht.

Hier wurde gefrühstückt und unsere Reise danach weiter fortgesetzt. Um zwei Uhr kamen wir an ein kleines Haus, an den Gebirgen gelegen, wo wir Mittag hielten. Nach beendigter Mahlzeit ging der Zug weiter. Circa zwei Stunden fuhren wir, manchmal über furchtbar hohe Gebirge. Endlich öffnete sich der dichte Wald und das Gebirge. Ein schönes ebenes Tal lag vor uns. Wiewohl die hohen Bäume, deren Spitzen vielleicht hundertfünfzig Fuss über den Boden ragten, nicht mit Gesträuch umgeben standen, wie in einer gewöhnlichen Wildnis, nahmen sie uns doch die weitere Aussicht in die Ferne.

Die Reiter, Wagen und Fussgänger waren auf diesem letzten Zug voneinander getrennt worden. Deshalb hielten wir am Eingang dieses Tales, bis sich die ganze Gesellschaft wieder sammelte. Weil ich und mein Begleiter, Herr Dutton, mit die ersten waren, die in dem Tal anlangten, stieg ich vom Wagen, um den eigentlichen Boden dieser anmutigen Gegend kennenzulernen, die bereits schon zu Herrn Duttons und seiner Mitinteressenten Land gehörte.

Mein erstes Augenmerk fiel auf die schön gestalteten Bäume, welche die Natur wie durch Gärtnerhände dahin gepflanzt hatte. Jeder Baum stand circa vierzig Schritt, einige auch wohl eines Ackers Breite auseinander, so dass das Land urbar zu machen war, ohne einen einzigen Baum auszurotten. Freilich zeigten sich hier und da wieder einige Hügel, die aber doch nicht höher waren, als dass die Pflugschar gemächlich darübergehen konnte. An der mir am fruchtbarsten erscheinenden Stelle fand ich das Gras drei Fuss vier Zoll hoch. Es hatte das Aussehen unserer europäischen Kornfelder. Vielleicht wird diese Aussage bei wenigen Glauben finden, aber auch ich selbst würde an der wirklichen Existenz eines solchen Bodens gezweifelt haben, wäre ich nicht selbst Augenzeuge davon gewesen. Die sonstige Armut dieses Landes an frischem Wasser wich auch hier dem Überfluss. Der Onkaparinga Fluss (ein von den Wilden entlehnter Name) mit sechs bis sieben Fuss frischem Wasser durchkreuzt auch dieses Tal. Auf seiner Oberfläche trieben mancherlei, ausser dem Aal, mir unbekannte Fische ihr Spiel. Sie waren gewiss noch nie der Verfolgung des Fischers ausgesetzt gewesen.

Ich grub an verschiedenen Stellen mit meinem Stock so tief wie möglich in den Grund und fand allenthalben einen fruchtbaren Boden.

Die Gesellschaft sammelte sich nach und nach, und der Zug ging weiter. Ich verliess diesen Platz nicht ohne den Gedanken zu hegen: — «Möchte meinen Auswanderern doch dieses Grundstück eingeräumt werden, wie glücklich würde ich von dort wegfahren, in der Gewissheit, sie versorgt zurückzulassen.» Da ich aber schon einmal auf meinen Vorschlag eine Absage erhalten hatte, wie früher erwähnt, mochte ich nicht aufs neue damit anfangen, um mir nicht den Namen eines Zudringlichen zu erwerben.

Wiewohl ich diese Ebene nur anfänglich für ein Tal hielt, stellte sich in der Folge der Fahrt heraus, dass es eine lange ebene Landstrecke war. Wir fuhren wenigstens vier deutsche Meilen in dieser Ebene fort.

Als es nun dunkel wurde, erreichten wir ein paar Zelte, die dem Herrn Finnis gehörten, einem Schwager von Herrn Dutton und Mitbesitzer des Landes, wo wir unser Nachtlager halten sollten. Das beste Zelt war natürlich für die Damen. Ein von Soden erbauter Schweinestall, der mit neuem frischem Gras von den dortigen Hirten ausgestreut war, diente zum Nachtlager für uns fünf. Da nicht Raum für mehrere in dieser einfachen Herberge war, mussten die übrigen zu der Gesellschaft Gehörenden noch eine halbe Meile Wegs weitergehen, um ein anderes Zelt zu ihrem Obdach für die Nacht zu suchen.

Schon früh erwartete ich den folgenden anbrechenden Morgen. Noch ehe die ersten Strahlen der Sonne über die umliegenden Berge emporschienen, stand ich schon aussen vor unserer Hütte, entzückt über das paradiesische Aussehen dieser Gegend.

Das schöne lange Gras, vom Tau befeuchtet, färbte den Boden mit dem schönsten Grün. Auf den einzeln stehenden, prachtvollen, grossen Bäumen flatterten die wilden Vögel unter dem Gesang ihrer verschiedenen Laute, so wie Kakadus, Papageien, Periquilos etc., von Zweig zu Zweig. Neben unserer Hütte floss ein kleiner Fluss mit kristallhellem Wasser von Morgen dem Abend zu. Etwa dreiviertel Meilen zu Osten von uns lag Mount Barker, auf dessen Gipfel selbst noch die schönsten Bäume paradierten, — kurz, ich fand diese Gegend so einnehmend, dass kein Pinsel sie romantischer zu malen vermocht hätte.

Nach und nach sammelten sich die Herren vor unserer Hütte, und es wurde beschlossen, in den Morgenstunden eine Känguruhjagd anzustellen. Diejenigen, die zu Pferde gekommen waren, liessen wieder satteln, nahmen die Gewehre und zogen mit etwa sieben oder acht Jagdhunden los. Ich und Herr Dutton waren weder Jäger noch Reiter; wir liessen jedoch vorspannen und fuhren mit den Übriggebliebenen. Die Folge war, dass wir mit unserem Wagen den Reitern nicht folgen konnten, die wir auch bald zwischen den Bäumen aus dem Gesicht verloren. Mein grösster Wunsch war, zum Mount Barker hinzukommen, den ich gerne besteigen wollte.

Wir fuhren bis an den Fuss des besagten Berges. Er ist zweitausendfünfhundert Fuss hoch. Herr Dutton, dem seines schweren Oberkörpers wegen das Gehen beschwerlich fiel, blieb bei dem Wagen. Ich erstieg am 25. Januar morgens acht Uhr den Mount Barker. Von dessen Spitze erblickte ich den Lake Alexandrina sowie den Murray Fluss. Das Land jenseits dieses Berges lag wieder, wenn auch nicht so eben, aber doch mit schönen Bäumen bestanden, wundervoll vor mir da. In den höchststehenden und grössten Baum des Berges schnitt ich folgende Buchstaben: D. M. H. VON DER ZEBRA ALTONA 1839.

Um den Herrn Dutton nicht zu lange warten zu lassen, stieg ich wieder hinunter, ohne dass ich mich noch an der köstlichen Aussicht dieser Gegend gesättigt hatte.

Um elf Uhr versammelten wir uns wieder bei unseren Zelten zum Frühstück. Nach beendigter Mahlzeit ging ich mit Herrn MacFarlane, einem anderen Mitbesitzer des besagten Landes, in der Nähe unserer Zelte spazieren. Später setzten wir uns im Schatten unter einem Baum nieder, wo die Herren Dutton und Finnis zu uns kamen.

«Was sagen Sie nun von dieser unserer Gegend», fragten sie mich. Ich erwiderte: «Mir scheint es, als wenn die Natur Australien ihre Gaben verschwenderisch mitgeteilt hat und hätte nie geglaubt, dass es einen solchen Boden auf der Erde gäbe. Es fehlt mir nur noch Asien, das ich hoffentlich in ein paar Monaten auch sehen werde, dann habe ich alle fünf Weltteile besucht. Ich bin auf dem Lande geboren und gross geworden und bin daher mit dem Landwesen nicht fremd geblieben. Die Kultur eines jeden verschiedenen Landes hat meine Aufmerksamkeit geweckt. Ich muss aber aufrichtig gestehen, dass ich nirgends eine solche Gegend gefunden habe wie hier. Hätte ich meine Familie hier bei mir, möchte ich meine Tage in diesen friedlichen Tälern beschliessen und nie wieder in die Welt zurückkehren. Beklagen aber muss ich, dass dieses schöne Land, das so zur Kultivierung geeignet ist, nur Tieren zum Grasen dienen soll, wo so viele Hunderte von Menschen ihren reichlichen Unterhalt finden könnten. Kaum würdet Ihr es bemerken auf einer so grossen Fläche Land, wenn Ihr meinen Auswanderern fünfzig bis hundert Äcker in einer Ecke Eures Gebietes einräumtet, wo sie sich ein Dorf bauen könnten. Würde das Bewusstsein, hundertsiebenundachtzig edle Seelen glücklich gemacht zu haben, Ihnen nicht hundertfältig die Entbehrnis dieses kaum bemerkbaren Flecken Landes ersetzen? Meinen Sie nicht, dass Ihr Land durch Kultivierung meiner tätigen Landleute einen doppelten Wert erhalten würde? Auch wenn ich weiss, dass diese Kolonie nur zur Viehzucht bestimmt ist, bin ich mir ebenso sicher, dass sie ohne Ackerbau wieder vergeht. Die handelnde Klasse wird reich, die arbeitende arm und muss davonlaufen. Und wenn es für Erstere an nichts mehr zu nagen gibt, werden sie den Armen folgen. Die Känguruh Insel ist dafür ein lebendiges Beispiel. Alles zieht jetzt schon von dort weg. Was nützen Ihnen dann ihre viertausend Acker Land in der Wildnis?» Sie pflichteten meiner Meinung hinsichtlich der Notwendigkeit des Ackerbaus bei, allein dass die Kolonie wieder verschwinden könnte, widersprach ganz ihrer Auffassung.

Der Kontrakt

Ich entfernte mich hierauf von ihnen. Etwa zehn Minuten später riefen sie mich wieder und sagten: «Wir sind nicht abgeneigt, Ihre Auswanderer hier herüber zu nehmen und zu sehen, was durch ein fleissiges Volk aus diesem Boden zu gewinnen ist.»

«Meine Herren», versetzte ich, «für diese Zusage bin ich Ihnen schon unendlich verbunden. Wenn Sie nun noch meinen weiteren Bedingungen ein huldreiches Ohr leihen wollen, so kann das nur zum Erfolg führen. Meine Leute sind nicht wie die übrigen Auswanderer auf Kosten der Compagnie hierher gekommen. Sie haben meistens selbst ihre Transportkosten bis hierher bestritten und liegen nun ohne Geld an Eurem Ufer. Sie tragen daran jedoch keine Schuld.

Erstens sind hier die Transportkosten zu bedenken, um die Leute hierherzuschaffen. Zweitens benötigen sie Lebensmittel, bis sie Erzeugnisse aus ihrem Boden erhalten. Drittens brauchen sie Kühe zum Melken und zum Pflügen. Viertens fehlt Saat, bei einigen auch Ackergerät. Was den zweiten Satz betrifft, so bin ich überzeugt, dass sie, wenn sie Milch haben, ein dreiviertel Jahr mit ihren Lebensmitteln ausreichen, die sie noch vorrätig haben.»

«Setzen Sie uns Ihre Bedingungen einmal kontraktmässig auf», erwiderte Herr Dutton, «wie Sie meinen, dass es sein sollte, damit wir die daraus entstehenden Kosten in Anschlag bringen können.»

Ich setzte die notwendigsten Bedürfnisse wie folgt auf:

Copie:

«Zur Ansiedlung meiner hierher gebrachten deutschen Emigranten ist mir durch Herrn Dutton und seine Mitinteressenten, die Herren MacFarlane und Finnis, Eigentümer einer bedeutenden Landstrecke in der Nähe von Mount Barker, folgende Offerte gemacht worden.

1stens sollen 100 Acker Land, das erste Jahr mietfrei, für sie abgemessen werden, wovon 19 Acker zum Häuser- und Strassenbau, der Rest zu landwirtschaftlichem Betriebe bestimmt sind, der jedoch unter den 38 Familien wieder verteilt wird.

2tens verpflichten sich obige Herren Interessenten, die Auswanderer mit ihren Effekten, die sie bei sich haben, vorschussweise an den für sie bestimmten Wohnort zu liefern.

3^tens verpflichten sich obige Herren, auf 1 Jahr Lebensmittel für die Emigranten darzureichen, bis diese nach unverdrossenem Fleisse Erzeugnisse aus ihrem eingeräumten Grundstück einernten werden, sowie Saat zu verschaffen, welcher Art sie bedürfen, wofür, wie oben, nur diejenigen debitiert werden, die Lebensmittel und Saat verlangen, und nichts als eine allgemeine Schuld angesehen wird.

4^tens versprechen die Herren Interessenten, Vögel, Vieh und Schweine auf Vorschuss zu geben, in der Erwartung, dass die Emigranten durch Verkauf ihrer Produkte in der Stadt bald ihre Schuld tilgen und sich selbst in den Stand setzen, Vieh als Eigentum anzukaufen.»

Nachstehendes haben die Interessenten ohne meine Zumutung zugesagt:

5^tens «sollen bei der Ankunft an ihrem Wohnort 6 Milchkühe an die Gesellschaft verteilt werden, und im Laufe des Monats März soll jede Familie so viele Kühe haben, wie sie es wünscht. Diese Kühe müssen aber erst aufgebrochen und nach jedem dritten Monat gegen unaufgebrochene vertauscht werden. Jedoch sollen sie stets genug aufgebrochene Kühe behalten, so dass sie nie lauter unaufgebrochene haben.

6^{tens} falls nach unser aller Wünschen und Erwartungen die Herren Interessenten
fleissige und tüchtige Landleute an den
Emigranten finden, versprechen sie,
künftiges Jahr eine Kirche und Schule
bauen zu lassen, wobei die Ansiedler die
Hand- und Spanndienste zu leisten
haben, die Interessenten aber die Bauko-
sten zahlen.

7^{tens} verspricht Herr Dutton, jährlich 20
Pfund Sterling, Herr Finnis 10 Pfund
Sterling und Herr MacFarlane 10
Pfund Sterling zum Unterhalt des Predi-
gers und Schullehrers darzureichen.

8^{tens} wird Herr H. Kook (war Kajütspassagier,
ein Ökonom) von den Interessenten als
Präses über die neue Ansiedlung einge-
setzt, von diesen unterhalten, von den
Emigranten aber mit 40 Pfund Sterling
Gehalt jährlich besoldet.

9^{tens} soll alles obige für dieses Jahr als Probe
gelten. Wenn die Interessenten finden,
dass durch ihren Fleiss das Land sich
zum Ackerbau bewährt hat, soll den
Emigranten mehr Land zu einer angemessenen Miete eingeräumt werden,
und die Herren werden nicht abgeneigt
sein, weitere deutsche Auswanderer von
unbescholtenem Charakter später mit
aufzunehmen.»

Hiermit waren die Bedingungen nun beendigt und wurden von diesen Herren zugleich anerkannt, so dass dieses nach Genehmigung durch die Auswanderer als Kontrakt gelten konnte.

Wie wir mit besagtem Geschäft fertig waren, war es ein Uhr nachmittags. — Ich sagte: «Jetzt habe ich meinen erwünschten Zweck erreicht; wenn die Gesellschaft es mir nicht übel nimmt, werde ich gleich meine Rückreise antreten, damit ich zu meinen Auswanderern zurückkomme, ehe diese sich an das Land von Herrn Angas fesseln.»

Ich wusste nämlich, dass an demselben Tage die Unterhaltung mit Herrn Flaxman vorgenommen werden sollte, wie bereits erwähnt.

Man gab mir einen Bedienten als Wegweiser mit. Abends neun Uhr kamen wir in Adelaide an, und ich ging am folgenden Morgen in aller Frühe nach Port Adelaide. Dort angekommen rief ich die Vorsteher der Gemeinde zusammen und fragte sie, was sie tags zuvor mit Herrn Flaxman abgemacht hatten. Ihre Antwort war, dass sie sich laut Abrede bei Herrn Flaxman versammelt hatten. Sie hätten sich aber zu nichts entschlossen, sondern so lange Bedenkzeit ausgebeten, bis ich aus dem Gebirge zurückgekommen wäre.

Darauf las ich ihnen den für sie gemachten Kontrakt vor, den ich ja immerhin nicht abschliessen konnte, sondern der ihrem Willen anheimgestellt war. Ich kann die Freude nicht beschreiben, die sich hierüber unter der ganzen Gesellschaft verbreitete. Wollte Gott mir nur einen Teil von den Segnungen widerfahren lassen, die die guten Leute für mich erflehten, gewiss würde mir nie etwas Widerwärtiges zustossen. Alt und Jung drängten sich um mich und drückten mir mit Freudentränen in den Augen die Hände. Aus aller Munde verlautete die vereinte Sprache — «Gott wird es Ihnen vergelten, was sie an uns tun, wir sind arm und können das nicht.»

Ich fuhr an Bord und schrieb an Herrn Flaxman, was ich für meine Emigranten bewirkt hatte (von ihm waren sie mehr oder weniger abhängig), erwartete aber seinen Beifall zu dieser meiner Verhandlung.

Er war ein sehr edler Mann, dem gewiss das Wohl unserer deutschen Auswanderer am Herzen lag. Er konnte aber dort als Neuling, der zugleich von mancherlei Hauskreuz heimgesucht war, nicht eine seinem Wollen angemessene Hilfe und Beistand leisten. Er teilte mir umgehend seine grösste Freude an diesen Aussichten mit und war ganz meiner Meinung, dass die Menschen jenseits der Gebirge ihr Fortkommen suchen müssten.

Pastor Kavel, der, wie früher gesagt, bei mir an Bord logierte, war in der Stadt während ich am Mount Barker gewesen war. Er kam am selbigen Tag auch wieder zurück an den Port. Ihm als Obervorsteher der Gemeinde zeigte ich ebenfalls den genannten Kontrakt. Besonders mag ihm wohl der sechste und siebte Paragraph ins Auge gefallen sein, wo das Legat an den Prediger und Schullehrer nebst dem Bau der

Kirche gemacht wird. Nachdem er dieses Dokument übersehen hatte, sagte er: «Sie sind ein Bote Gottes. Gewiss hat Gott Sie berufen, diese Menschen hierherzubringen, um ihr Fortkommen zu befördern.»

An meinem Geburtstag, dem 28. Januar 1839, ich wurde fünfunddreissig Jahre, kamen die mehrfach genannten Landbesitzer des Morgens früh an den Port. Ich fuhr zu ihnen an Land. Dann sammelten wir alle Auswanderer um uns und der Kontrakt wurde von beiden Parteien genehmigt; mit einer Ausnahme, dass jeder sich selbst Ackergerätschaften kaufen oder machen müsste. Dafür wurde den Emigranten wiederum statt zuvor hundert jetzt hundertfünfzig Acker Land zugesagt.

Nachdem dieses zustande gekommen war, sagten sie mir: «Nun haben wir uns vorgenommen, Ihnen eine weitere Offerte zu machen. Wir wünschen allseits, dass Sie, nachdem Sie Ihr Schiff nach Hause gebracht haben, mit Ihrer Familie hierherziehen und unter uns wohnen. Die Fläche Land, worauf das deutsche Dorf gebaut werden soll, ist bereits abgesteckt. Zum Andenken an Sie, soll das Dorf nach Ihnen ‹Hahndorf› benannt werden», welchen Namen die Auswanderer mit Freuden hörten. Herr Dutton, der das Wort führte, sagte weiter: «Ich schenke Ihnen auf dieser genannten Fläche fünf Acker Land zu Ihrem Privateigentum, worauf Sie sich anbauen können, der Herr MacFarlane schenkt Ihnen zwei Kühe und Herr Finnis schenkt Ihnen freie Passage mit Ihrer ganzen

Familie, mit welchem Schiff auch immer Sie hierherkommen wollen. Falls Sie es wünschen, geben wir Ihnen unser Versprechen schriftlich.»

Ich erwiderte: «Meine Herren, ich bin Ihnen für Ihr gütiges Anerbieten unendlich verbunden, muss aber beklagen, dass ich ohne meiner Frau Zustimmung weder Ja noch Nein sagen kann.» Tags darauf erschien folgender Satz in den dortigen Zeitungen:

«Mr. Dutton has made an offer to a number of Germans to settle on a piece of land on the other side of Mount Barker. This settlement will be called ‹Hahndorf› in honor of Capt. Hahn who brought them here.»

Protokoll von den widrigen Ereignissen auf hoher See

Freilich weiche ich zu weit ab von meinem vorgesetzten Thema und der Bestimmung dieser Bücher, eine Sammlung meiner merkwürdigsten Lebensereignisse zu sein. Ich mag mich sogar dem Tadel des «Eigenlobs» aussetzen. Allein, ich schreibe alles so, wie es sich zugetragen hat und stelle dem beurteilenden Geist ebensowohl meine Fehler und Schwachheiten dar. Und wem ich das Durchlesen dieser Bücher gewähre, muss sicher von mir als Freund angesehen sein; derjenige wird die Einleitung im ersten Band nicht übersehen, dass ich nur für meinen Nachkömmling und zu meinem eigenen Wohlgefallen schreibe, weshalb ich jedes Verhältnis dem Umstand nach darstelle, wie es sich zugetragen hat. Doch nein: diese Behauptung muss ich widerrufen. Wie sich jeder Umstand während dieser Reise zugetragen hat, habe ich nicht immer richtig angeführt. Ich bin in diesen Büchern dem Auszuge meines Tagebuches gefolgt, das nach vollbrachter Reise in Hamburg und Altona sehr beliebt war und zum Teil durch Herrn Hübbe dem Druck übergeben wurde.

Viele unanständige Ereignisse habe ich darin absichtlich übergangen, denn warum sollte ich die schwache Seite dieser Leute vor der Welt auftischen und ihr Betragen dem Tadel von Menschen aussetzen, die sich keinen Begriff davon machen, wie die Verhältnisse stehen, wenn eine solche Anzahl Menschen in einem so beengten Raum zusammengetrieben wird und ein halbes Jahr so gedrängt untereinander leben muss. Als ich sah, dass Streitereien, die ernstliche Folgen haben konnten, sich unter den Auswanderern entspannen, führte ich ein Protokoll, worin ich alle widrigen Ereignisse eintrug, damit das Unanständige auch nicht in Vergessenheit geriete, falls es einmal zur Sprache kommen sollte.

Ich habe freilich von diesem Protokoll keinen Gebrauch gemacht. Da ich aber noch im Besitz dieser Hefte bin, werde ich es hier mit eintragen. Der Leser dieser Zeilen lernt dadurch zugleich erkennen, dass man nicht immer im Sonnenschein mit einer solchen Ladung nach Süd-Australien fährt, wenn gleich die Menschen auch zu einer religiösen Sekte gehören.

Es ist erforderlich, im Zusammenhang meiner Reise von Altona nach Port Adelaide, beladen mit Passagieren und Provision, auch solche Ereignisse buchstäblich darzustellen, die eigentlich nicht verdienen, im Journal angeführt zu werden, und die doch vielleicht bei — Gott gebe es — glücklicher Ankunft zur Sprache kommen könnten.

Nachdem ich mit Herrn R. V. Swaine die Befrachtung für obige Reise für das Schiff «Zebra» bedungen und abgeschlossen, sowie auch die Grösse des Schiffes richtig angegeben hatte und mich danach zum Laden bereit meldete, sandte der Herr Befrachter uns erst hundert Fässer Mehl nebst hundert Fässern Schweinefleisch an Bord, wofür ich nach Empfang dieser Güter wie üblich die Konnossemente zeichnete.

Später erhielten wir hundertneunundneunzig Passagiere an Bord, die auf ein halbes Jahr ausproviantiert werden sollten. Es war aus Mangel an Platz unmöglich, diese Leute samt ihren mitgeführten Effekten, Wasserfässern, Feuerung etc., etc., kurz mit allem was zu deren Bedürfnissen gehörte, ins Schiff zu bringen. Sobald ich dieses einsah, machte ich dem Herrn Befrachter davon Anzeige, worauf dieser an die Passagiere Befehl gab, fünfundzwanzig Stück von ihren Kleiderkisten zurückzulassen, die mit dem nächstfolgenden Schiffe nach ihrem Bestimmungsort abgesandt werden sollten, — was diese sich gefallen liessen.

Dennoch blieb es unmöglich, alles unter Deck zu bringen. Es blieben namentlich sieben Fässer Zucker auf Deck, die so nicht zu plazieren waren. Auf mein Verlangen wurden zwei von diesen Fässern wieder zurückgenommen; es blieben uns dennoch fünf Fässer übrig, die circa zweihundert Zuckerhüte per Fass enthielten.

Ich machte den Vorstehern der Passagiere den Vorschlag, diese Fässer entzwei zu schlagen, wobei sich dann der Zucker in einzelnen Hüten im Unterraum verpacken liess. Die Vorsteher pflichteten meiner Meinung bei, und es geschah so zu jedermanns Zufriedenheit.

Herr Swaine stellte mir die Lage dieser Menschen vor, wie kostspielig diesen die Überfahrt zu stehen kam, da doch die Mehrzahl von ihnen unbemittelt war und die Unkosten in ihrer neuen Heimat von ihnen wieder abverdient werden mussten.

Bloss aus Mitleid und um den Leuten ihre schon so bedrängte Lage so viel zu erleichtern wie in meinem Vermögen stand, liess ich mir gefallen, nicht bloss alle Ecken und Winkel zu bepacken, sondern selbst das ganze Deck mit Wasserfässern zuzulagern. Es lagen da nämlich fünfundsechzig Wasserfässer, siebzehn Oxhöfte Bier und Essig nebst vierzehn Tonnen Hering, so dass man, wollte man von einem Ende des Schiffes zum andern gehen, über diese Fässer laufen musste, was weder für mich noch für das Schiff von Vorteil war. Im Gegenteil, ich und die Mannschaft hatten dadurch in dunklen

Nächten die grössten Behinderungen bei der Arbeit. Und das Schiff litt nicht bloss durch diese schwere Deckslast, es sammelte sich unter den Fässern Schmutz, der nicht gereinigt werden konnte. Dazu grenzte es für meine Person beinahe ans Unverantwortliche, mit dieser Deckslast und so vielen Menschen in See zu segeln. Bei alledem zeigte sich jedermann im Schiffe zufrieden, auch in der Erwartung, dass wir durch den täglichen Verzehr immer mehr Platz gewinnen würden.

Ein Doktor aus Schleswig, namens Mathiesen, war von dem Herrn Befrachter engagiert, die Reise mitzumachen. Er sollte während der Reise Befehlshaber über die Passagiere sein. Jedoch blieb bei mir immer der Oberbefehl, wenn ich den Doktor unrechtmässiger Verfahren überführen sollte. Der Doktor, der seinen möglichsten Fleiss anwandte, die vielen Kranken bestens zu behandeln, verfehlte nicht, jeden Morgen das ganze Lager durchzugehen und alle Patienten zu besuchen. Aber kurz nachdem wir in See waren, den 20. September, verwickelte er sich bei einem kranken Mann namens Helwig, zuerst mit dessen Frau und dann mit den übrigen Passagieren in Streitigkeiten, wobei er sich der gröbsten und gemeinsten Ausdrücke bedient haben soll, die nach der Aussage der Passagiere nachteilige Folgen hatten, was jedoch später zur Sprache kommt. Die Vorsteher reichten ihre erste Klage wider den Doktor bei mir ein. Ich war bei diesem Streit nicht zugegen gewesen, konnte daher auch nicht sogleich über die Verhältnisse entscheiden. Deshalb hörte ich erst den Doktor an, der sich folgendermassen erklärte: Er sei seiner Gewohnheit nach in den Raum gegangen. Auf seine Frage an die Frau Helwig, «Wird Ihr Mann besser?», habe sie ihm zur Antwort gegeben: «Wie soll er besser werden, wenn er keine Medizin bekommt?» — Dadurch habe er sich selbst beleidigt gefühlt.

Die Frau Helwig und fünf anwesende Zeugen erklärten jedoch, dass sie auf die Frage des Doktors geantwortet hätten: «Wie soll er besser werden, da er keine Medizin mehr zu sich nimmt?», denn er war schon so elend, dass er nichts mehr hinunterbringen konnte. Da die Leute aus Ost-Preussen sehr unverständlich in ihrer Aussprache sind, konnte es leicht sein, dass das Ganze durch ein Missverständnis entstanden war. Weil der Doktor sich dabei aber so gemeiner Ausdrücke bedient hatte, konnte ich nur ihn als Stifter dieses Unheils ansehen und mutete ihm daher zu, sich vor den Passagieren schuldig zu erklären und ihnen seine Hand zur Versöhnung darzureichen, was der Doktor auch befolgte. Nach Aussage der Vorsteher dieser Gemeinde hat er gesagt, nachdem die Eintracht wieder unter ihnen in Kraft getreten war: Gott möge ihn verdammen, wenn er wieder ähnliche Ausdrücke vor ihnen verlauten lasse.

Um neuen Streitigkeiten vorzubeugen, sagte ich dem Doktor, er möge von seiner bisherigen Regel abweichen und nur dann in den Raum der Passagiere gehen, wenn die Patienten seine Gegenwart verlangten. Wer seine Hilfe wünschte, würde ihn leicht finden, da nur eine dünne Scheidewand uns trennte. Als wir später in dem Raum einige Hüte Zucker zum täglichen Gebrauch für die Passagiere holen wollten, fanden wir, dass der Zucker wahrscheinlich durch die von den vielen Menschen verursachte Ausdünstung feucht geworden war und sich viele Hüte durch diese Feuchtigkeit aufgelöst hatten. Auch die meisten Käse waren von Maden angetastet.

Mir ist keineswegs verborgen geblieben, dass mancher mir mit argwöhnischen Blicken zuschielte über diesen Verlust, jedoch hat bisher niemand deswegen etwas gegen mich verlauten lassen. Da das Auspacken der Fässer vor der Abfahrt aber zu ihrem Vorteil und unter allgemeiner Gutachtung geschehen war, habe ich dieses unsinnige Benehmen gegen mich grossmütig übersehen, da doch der Zucker weder an Geschmack noch an Gewicht verloren haben kann, es sei denn, dass einige Brocken zwischen die Wasserfässer gefallen sind.

Es waren mehrere Fässer Heringe da. Weil ich aber den Leuten nicht mehr Wasser zum Trinken zugestehen konnte, als die Instruktion des Herrn Swaine besagte, die der Doktor bei sich verwahrte, wurden, um Durst zu vermeiden, nur äusserst wenig Heringe verbraucht.

Immer ereigneten sich Zwistigkeiten unter den Passagieren, die sie jedoch stets unter sich selbst abmachten, so dass ich oder die Steuerleute selten genötigt waren, uns in ihre Angelegenheiten zu mischen.

Den 26. September befanden wir uns auf 12° 7' Nord-Breite und 22° 3' West-Länge, als uns abends starker Regen traf, so dass wir durch die Speigatten das Wasser nicht ableiten konnten, welches auf Deck fiel. Durch die Bewegung des Schiffes spülte das Wasser über die Luken weg und in den Raum hinunter, wodurch ein oder vielleicht mehrere der Vorsteher veranlasst wurden, die Luken dicht zu machen. Kurz darauf kam ein Mann namens Nitschke zu mir, der einen kranken Sohn hatte. Er sagte mir, wenn die Luken nicht augenblicklich geöffnet würden, müssten die Kranken im Raum alle ersticken. Um mich von der Richtigkeit dieses Umstandes zu überzeugen, rief ich zu den Vorstehern in den Raum nieder, ob sie wünschten, dass die Luken wieder geöffnet würden. Darauf wurde mir von dem Vorsteher Paech geantwortet: «Lassen Sie geschwind die Luken wieder öffnen, sonst ersticken wir alle hier.»

Am 27. September untersuchten wir im Unterraum, ob Wasser durch das Zwischendeck gekommen war. Wir fanden, dass neun Säcke Brot von dem heruntergespülten Wasser verdorben waren. Wir liessen sie das beste aussuchen, das ungeniessbare wurde als Schweinefutter verwendet.

Täglich gab es Streitigkeiten unter den Auswanderern, meistens über das Essen. Für einige wurde zu viel gekocht, für andere zu wenig. Einige wollten dieses essen, andere jenes. Dabei hatten die Vorsteher das Kochwesen aufs Ökonomischste eingerichtet. Und da nur höchstens acht bis zehn männliche Stimmen dieser meiner Ansicht nach zweckmässigen Regelung widersprachen, musste ich der Stimmenmehrheit beipflichten, obwohl diese weit von der festgelegten Speiseordnung abwich. Da sie aber nicht mir, sondern dem Doktor übergeben worden war, hatte auch nur dieser über ihre Einhaltung oder Veränderung zu entscheiden. Sollten sich die Streitigkeiten jedoch weiter ausdehnen, mussten wir allerdings wieder zu den alten Instruktionen zurückkehren. Wie gut es aber sein wird, wenn die Menschen von ihrem Proviant etwas ersparen können, was ihnen bei ihrer — Gott gebe — glücklicken Ankunft in Australien einen kleinen Vorrat lässt, werden die Unzufriedenen spätestens dort einsehen.

Die Rationsliste, die sich an Bord befindet, ist mir nicht verborgen geblieben. Ich habe sie mehrere Male überprüft. Sie mag für die englische Nation immerhin zweckmässig abgefasst sein, aber unsere deutschen Landleute sind so mancherlei nicht gewohnt und können unmöglich alles verzehren, was täglich nach dieser Vorschrift dargereicht werden soll. Nur Zankliebende bestehen stets auf ihrem zuerkannten Recht und missbrauchen, ja, werfen sogar über Bord, was sie nicht zur Sättigung benötigen. Es werden jetzt kaum zwei Drittel von dem Vorgeschriebenen verbraucht. Dabei bin ich überzeugt, dass keiner unter ihnen Hunger leidet. Diese Rationsliste gibt daher unter Deutschen, die auswandern, meiner Ansicht nach viel Veranlassung zu Zwist und Streit.

Am 4. Oktober erschien der Maurer Nitschke bei mir und zeigte mir ein Pulver, welches er von dem Doktor für seine sechsjährige, kranke Tochter erhalten hatte, worin diverse kleine Brocken Glas gemischt waren. Ich überzeugte mich, dass sich dieses in Wirklichkeit so verhielt, wusste aber fast nicht, was ich dazu sagen sollte. Ich ging zu dem Doktor und schilderte ihm sein höchst tadelhaftes und unverantwortliches Verfahren aufs Bedenklichste. Der Doktor erklärte, dass ihm eine Flasche in der Apotheke entzwei gegangen sei, und nachdem er die darin befindliche Medizin von Glasbrocken frei geglaubt habe, hätte er sie in ein anderes Glas oder eine Flasche umgefüllt. Er hatte das Pulver nicht weggeworfen, weil er kein neues zum Ersatz bekommen konnte. Ich konnte hierzu weiter nichts sagen, als dass er künftig nichts mehr von der Medizin austeilen sollte. Das schwankende Vertrauen, das sich unter den Passagieren bisher noch in Notfällen zu dem Doktor erhalten hatte, schien hierdurch nun gänzlich zu versiegen. Diejenigen, die ihre Toten betrauerten, stimmten wieder neue Klagen an: «Gott weiss, woran sie gestorben sind!»

Bei Antritt der Reise befahl ich den Passagieren, nichts von ihrem Unrat in Luv oder an der Windseite über Bord zu werfen. Der Unrat musste stets nach Lee geschafft werden, damit das Schiff nicht so sehr beschmutzt würde. Aber es war schwer, die Leute dahin zu bringen, weil ich keine Zwangsmittel gebrauchen wollte. Wir brachten es durch unermüdliche

Geduld dahin, dass jedermann im Schiffe bekannt war, wo er den Unrat hinzuwerfen hatte, und wir beobachteten bei Tage, dass dieses Gebot nicht übertreten wurde.

Am 13. Oktober, abends, kam der Vorsteher Paech zu mir und beklagte sich, dass die Matrosen jemand vorne weggejagt hätten, der seine Bedürfnisse dort hätte verrichten müssen; er habe dies dann mittschiffs erledigt. Dadurch sei ihm und mehreren Passagieren der Unrat ins Gesicht geflogen, welches die unmittelbare Folge ist, wenn solche Unarten an der Windseite betrieben werden.

Ich, unbedachtsam genug, geriet in Eifer über diesen Vorfall, weil ich nicht wollte, dass die Matrosen die Auswanderer auch nur im geringsten inkommodieren sollten. Ich rief daher die Wache habenden Matrosen zu mir und machte ihnen Vorwürfe, warum sie die besagte Person vertrieben hätten.

Diese Matrosen, die gewiss bisher den Passagieren bestmöglich zu Gefallen gelebt hatten, — einige davon waren bereits zwei Jahre in meinem Dienst gewesen und ich konnte deren Aussagen sicheren Glauben beimessen, — diese also erwiderten: «Wenn die Passagiere sich nicht voneinander beschmutzen lassen wollen, sollen wir uns dann von ihnen beschmutzen lassen?»

Halb beschämt über diese Frage der Matrosen, und bereuend, der Klage des Vorstehers Paech Gehör gegeben zu haben, geriet ich mit dem Vorsteher der Passagiere in einen eifrigen Wortwechsel, in den sich der Doktor Mathiesen dazwischenmengte und wieder einige Ausdrücke verlauten liess, die später neue Streitigkeiten verursachten. Bei dieser Gelegenheit brachten die Matrosen mir die Klage vor, dass der Vorsteher Behrend unter den Passagieren bekannt gemacht hatte: wer von ihnen künftig mit den Matrosen spräche, würde nach der Ankunft in Süd-Australien für unehrlich erklärt.

Meine Leute, die sich gewiss ordentlich und gut sowohl gegen mich als gegen die Passagiere betrugen, wollten für diese Beleidigung Genugtuung haben oder wenigstens eine Erklärung, worin ihr Benehmen bestehe. Ferner erklärten die Matrosen, dass die Vorsteher sie abends unter Bewachung hielten, damit sie sich ja mit keinem der jungen Passagiere (weiblichen Geschlechts) unterhalten konnten.

Dass nichts Unanständiges zwischen den jungen Leuten vorfallen konnte, wo so viele Augenzeugen gegenwärtig waren, lag in der Natur der Sache. Wiewohl wir Seeleute eben nicht unseres Gottesdienstes so treulich warteten wie die Passagiere, lebten wir doch stets in Eintracht miteinander, wohingegen jene, wovon ich selbst Augenzeuge gewesen bin, kaum so lange friedlich untereinander lebten, wie sie ihre Gebetsstunden hielten.

Ich war über diese Vorfälle ganz missgelaunt und teilte daher der ganzen Gesellschaft mit, was ich im Innern meines Herzens für sie fühlte. Wiewohl sie über mich nicht schlecht redeten, wie die Matrosen bezeugten, empfand ich mich mit meiner Mannschaft als ein Ganzes und dachte nur, dass sie nicht immer die beste Meinung gegen mich hegten. Ich erklärte ihnen daher: solange sie nicht ihren Lebenswandel nach ihrem äusserlichen Religionseifer richteten, würde ich den schlechtesten meiner Leute so gut wie den besten unter ihnen erachten. Und ich setzte hinzu, da der Glaube nach allen christlichen Lehren zu guten Werken frommt, müsse ich viel Heuchlerisches in ihrem Betragen wahrnehmen, weil sie sich nie durch lobenswürdige Taten zeigten, sondern sich als höchst undankbare Menschen erwiesen. Ich brachte in Erinnerung, mit welcher Geduld die Matrosen jeden Morgen, ja halbe Vormittage das ganze Schiff nach ihnen reinigten und jedem Hilfsbedürftigen alle Handreichungen boten. Schliesslich untersagte ich ihnen, sich künftig zu unterstehen, als Wächter bei den Matrosen aufzutreten. Wenn sie nicht zulassen wollten, dass die jungen Leute miteinander sprächen, dann sollten sie die ihrigen unter Deck halten und diese hüten, aber auf keinen Fall meine Leute bevormunden. Die Vorsteher behaupteten, dass sie die Matrosen weder bewacht noch für unehrlich erklärt hätten, — später habe ich aber in Erfahrung gebracht, dass dieses doch der Fall gewesen war. Weil ich mich aber nicht mehr über diese Sache ärgern mochte, habe ich diesen Umstand auf sich beruhen lassen. Da sie sich nun durch ihr eigenes Betragen bei den Matrosen verhasst machten, sah ich schon voraus, dass man künftig täglich zwischen den Parteien zu vermitteln haben würde.

Am 14. Oktober, auf einen Sonntag, passierten wir den Äquator. Die gesamte Mannschaft bat mich um Erlaubnis, die üblichen Neptuns-Rollen zu spielen.

Von Jugend an bin ich mit verschiedenen Kapitänen zur See gefahren, und nie ist mir in meinen Matrosenjahren dieses Vergnügen verweigert worden, das bei der langweiligen und einförmigen Schiffahrt einige Zerstreuung und Aufmunterung verschafft. Seit drei Jahren bin ich jetzt Kapitän auf der «Zebra», und in dieser Zeit bin ich nach Nord- und Südamerika gefahren und auf jeder Reise waren Passagiere. Und jedesmal habe ich mit Vergnügen gesehen, wie an dem Tag, an dem wir den Äquator oder Tropicus passierten, sich die ganze Gesellschaft ermunterte. Auch jetzt, da wir auf einer sehr langen Reise begriffen waren, hatte ich gar keine Bedenken, den Leuten ihre Bitte zu gewähren. Die Kranken waren wiederhergestellt, die Toten waren vergessen, kurz, ich wusste keinen Grund anzuführen, der mich hätte bewegen können, den Leuten dieses Vergnügen abzuschlagen. Nur wollte ich es nicht auf den Sonntag tun, damit die Passagiere ihr Gebet und ihre Predigtstunde ungestört halten konnten. Ich versprach daher, dass sie es an dem folgenden Tag, nämlich am Montag feiern könnten.

Damit sich keiner der Passagiere bei dieser Zeremonie erschrecken sollte, liess ich abends zuvor diesen Spass unter der ganzen Gesellschaft bekanntmachen, der den folgenden Morgen stattfinden würde. Am 15. des Morgens erschienen die Matrosen, ihrer vier oder fünf verkleidet, machten die übliche Zeremonie und verlangten, dass diejenigen, die früher den Äquator nicht passiert hatten, nach Schiffsgebrauch gehänselt werden sollten. Zu mehreren Malen riefen sie in den Passagierraum hinunter, die Passagiere möchten auf Deck kommen; die meisten blieben jedoch unten. Diejenigen, die heraufkamen, nahmen an dem Scherz teil, bei dem einer den andern mit Seewasser benässte, wovor keiner verschont blieb, und was in dem heissen Klima keinem schaden konnte.

Ich sagte den Leuten, die unten waren, sie möchten doch heraufkommen und gab ihnen nochmals zu verstehen, dass das Ganze nur ein üblicher Spass wäre; wer den Matrosen ein paar Schillinge geben wolle, der könne es tun, wer dies nicht wolle, wäre deshalb ebenso willkommen und setze sich keiner weiteren Gefahr aus, als dass er vielleicht etwas benässt würde. Dessen ungeachtet wollte keiner heraufkommen. Endlich gingen die verkleideten Matrosen in den Raum hinunter und hatten dort einem jungen Flegel von Mensch, der sich aus Furcht vor ein paar Tropfen Wasser im Bette verkrochen hatte, das Gesicht etwas beschwärzt, wobei sie so taten, als ob sie ihn rasierten. Dessen Mutter war eine Wehmutter oder Geburtshelferin, die wie gewöhnlich zum Plaudern und Schreien recht geeignet war. Darauf kamen dann die meisten auf Deck zum Vorschein. Nachdem sie nun da waren, nahm jeder Teil an dem Scherz, der jedoch kaum eine Viertelstunde dauerte, als die Vorsteher Paech und Jaensch nach hinten kamen und Streit mit dem Doktor Mathiesen anfingen: wie dieser es hätte zulassen können, dass die Matrosen in den Raum gegangen wären, weil Frauen da waren, die schwanger wären und sich erschrecken könnten.

Der Doktor konnte keineswegs zur Verantwortung gezogen werden, da die Matrosen unter meiner und nicht unter seiner Leitung standen. Auch war dazumal eine einzige Frau unter der ganzen Gesellschaft, der es anzusehen war, dass sie vielleicht schwanger sein konnte. Besagte Person aber war längst auf Deck, bevor die Matrosen sich im Raum hatten sehen lassen. Und sie hatte gewiss ihr grösstes Wohlgefallen an allem, was vorging. Die Vorsteher bedienten sich ebenso unhaltbarer Ausdrücke gegen den Doktor, wie jener am 20. September anderen gegenüber.

Unter anderem sagte der Vorsteher Paech, der Doktor hätte seine Tochter vergiftet und sei nicht damit betraut, die Apotheke zu verwalten, und sie kündigten dem Doktor in meiner und der Steuerleute Gegenwart förmlich an, dass sie ab jetzt unabhängig seien und dass sie nichts mehr von ihm wissen wollten. Mir ist von Hamburg aus nichts mitgeteilt worden, inwiefern Arzt und Passagiere voneinander abhängig sind oder nicht, ich sah aber wohl ein, dass sie den Vorwand der schwangeren Frau nur als Werkzeug gebrauchten, um mit dem Doktor zu streiten.

Dieser Aufzug störte nun das Ganze wieder. Auf meinen Befehl kleideten die Matrosen sich sogleich wieder aus, ich erlaubte ihnen aber, sich den Tag über durch Tanz und Spiel zu belustigen. Die Vorsteher hiess ich als Aufrührer in ihr gemietetes Zwischendeck zu gehen und sich an diesem Tag mit ihren mürrischen Gesichtern nicht wieder vor der vergnügten Gesellschaft zu zeigen.

Auch sagte ich den Eltern, die ihren Kindern erlauben wollten, an dieser Belustigung teilzunehmen, dass sie sich nicht vor den Vorstehern fürchten dürften, weil dieses Fest ausserhalb deren Befugnis lag. Ich versprach, mich persönlich für eventuelle Folgen verbürgen zu wollen. Darauf fanden sich fast alle jungen Mädchen zum Tanz ein und selbst die Alten sammelten sich im Kreise als Zuschauer um die jungen Leute. Abends, als die Passagiere ihre gewöhnliche Betstunde anfingen, wurde alles ruhig und still, weil ihre Andacht von unserer Seite nicht gestört werden sollte.

Am 18. Oktober bemerkten wir, dass einige Brotsäcke im Unterraum durch den schweren Dunst von Schimmel befallen waren. Ebenso wiesen einige Säcke, die auf Fleisch- und Wasserfässern gelagert worden waren, leichte Beschädigungen auf. Ich fand es daher notwendig, dass der ganze Brotvorrat, der noch da war, zum Auslüften auf Deck gebracht würde und demnächst zur ferneren Konservierung Stück für Stück abgebürstet werden müsste. Ich war bereit, Leuwagen und Bürsten zu diesem Behuf darzureichen; durch die Mannschaft liess ich das Brot auf Deck bringen und nach besagter Behandlung wieder im Raum verstauen.

Ich kann nicht umhin hier zu bemerken, dass die Steuerleute mir erklärten, dass ihnen während der Arbeit im Unterraum der Unrat aus den Unterkojen durch das Zwischendeck auf den Kopf sowie auf die darunter liegenden Brotsäcke gelaufen war. Das erkannte ich als die grösste Ursache, falls das Brot späterhin verderben sollte. Bis auf diesen Tag haben wir nie so schlechtes Wetter gehabt, dass es den Passagieren auf irgendeine Art zur Rechtfertigung dienen konnte, dergleichen Schmutz im Zwischendeck zu machen. Ich habe, um dieser Verunreinigung abzuhelfen, — besonders da es sich ergab, dass das Zwischendeck nicht dicht kalfatert war, — den Vorstehern aufs dringlichste anbefohlen darauf hinzusehen, die Täter zu entdecken und mir Anzeige davon zu machen. Zwei volle Tage ist die Mannschaft beschäftigt gewesen, das Brot, welches in allen Ecken und Winkeln im Schiffe verstaut war, auf Deck zu bringen, wo bloss noch das Abbürsten, wie bereits gesagt, für die Passagiere übrigblieb. Dennoch bemerkte ich eine solche Trägheit unter diesen Menschen, dass keiner zupackte, ehe nicht ich oder der Steuermann sie dazu aufforderten. Viele Eltern schickten ihre Kinder von sieben bis acht Jahren, diese Arbeit zu verrichten. Ich habe nicht ermangeln lassen, aufs dringendste den Leuten anzuempfehlen, dass das Brot genau sortiert wurde, und habe am Ende noch Körbe hergegeben, um das leicht beschädigte Brot darin aufzuheben. Da sie sich aber selber nicht die Mühe machen wollten, das Brot zu sortieren und zu reinigen, kann ich mich nur von aller Schuld freisprechen, wenn etwa das Brot später verderben sollte.

Doktor Mathiesen, durch die Gesellschaft entlassen, kümmerte sich um nichts mehr, ausser wenn jemand zu ihm kam und Arznei verlangte, was aber nur höchst selten stattfand. Er hielt sich fortwährend in der Kajüte auf, so dass er den Passagieren fast gar nicht vor Augen kam. Ich beobachtete nun genau, wie die Vorsteher der Passagiere ohne Aufsicht des Doktors mit dem Austeilen der Lebensmittel verfuhren: fand jedoch, dass dieses in der gewöhnlichen Ordnung durch den zweiten Steuermann betrieben wurde. Nach reiflicher Überlegung konnte ich aber nicht zulassen, dass die Passagiere nach eigener Willkür sich selbst überlassen sein dürften. Das veranlasste mich, dem Doktor am 24. Oktober seine Instruktion abzufordern, um über seine Pflichten und Rechte im Bilde zu sein und sie mit denen der Passagiere zu vergleichen. Ich hoffte, zu erforschen, inwiefern diese und jener voneinander abhängig waren. Ich konnte jedoch diesbezüglich nichts Entscheidendes entnehmen.

Nachdem ich alles mit Bedacht durchgesehen hatte, schrieb ich nachstehende Erklärung zu dem gegenwärtigen Vorfall an die Passagiere.

Copie:

«Zur gefälligen Übersicht und Überlegung an die an Bord befindlichen Vorsteher der Klemziger und Möstchener Gemeinden.

Das gespannte Verhältnis, das in der letzten Zeit zwischen Euch und dem Doktor Mathiesen zu spüren war, bewog mich gestern, besagtem Doktor seine von Herrn Swaine (Agent der Süd-Australischen Compagnie) ausgestellte Instruktion abzufordern und den Inhalt zu vernehmen, sowie diesen Morgen die Eure damit zu vergleichen. Ich finde mich deshalb veranlasst, Euch meine Meinung über dieses mir höchst unangenehme Ereignis hiermit zu erklären. Ich stelle fest, dass dieser Kontrakt Euch dermassen mit dem Doktor verknüpft, dass eine Trennung hier auf See durchaus nicht stattfinden kann, ohne dass es die unangenehmsten Folgen unmittelbar nach unserer — Gott gebe — glücklichen Ankunft an unserem Bestimmungsort nach sich ziehen würde. Im voraus bemerke ich, dass ich über diesen Umstand nicht richten kann und will, sondern nur meine wohlüberlegte Meinung erkläre.

1^*stens* ist der Doktor von der Süd-Australischen Compagnie engagiert und bedungen worden. Er hat zudem vor dem Hamburger Gesundheitsrat bewiesen, dass er seinen Obliegenheiten gewachsen sei, und die ganze Leitung ist ihm durch Herrn Swaine von der Compagnie anvertraut worden. — Ihr habt ihn nun willkürlich abgesetzt, folglich den Kontrakt mit der Compagnie gebrochen und verworfen. Der Doktor hat nur allein auf die Befolgung der erteilten Gesetze zu achten. Dass dieses nicht gleichgültig übersehen werden kann, werdet Ihr wohl verstehen. Jetzt folgt die Frage: Warum habt Ihr dieses getan? Ich kenne Eure Gründe, die Ihr angeben werdet. Diese sind aber nicht hinreichend zu dem Schritt, den Ihr bereits getan habt. Freilich hat der Doktor sich auch in Sachen gemischt, die ihn nichts angingen und hat Dinge behauptet, die er nicht bezeugen kann. Allein, Ihr habt auch Äusserungen gegen ihn verlauten lassen, die Ihr ebensowenig behaupten könnt. Wäre der Doktor von Euch gegangen, stünde die Sache anders; jetzt aber ist jener immer als Autorisierter, ja im engsten Sinne sogar als Mitglied der Compagnie anzusehen, an die Ihr auf so manche Art gebunden seid.

2^{tens} Bei der Entlassung äussertet Ihr Euch mit dem Ausdruck: «Wir sind freie Leute, bezahlen unsere Passage und wollen nichts mehr von Ihm (nämlich dem Doktor) wissen.» Dieses Wort wiegt schwer und ich glaube, dass Ihr die Folgen in Eurem Eifer nicht bedacht habt und vielleicht jetzt noch nicht bedenkt. Ihr seid allerdings freie Leute, aber in gewisser Hinsicht eng an die Compagnie gebunden. Ihr habt Euch von Anfang an an sie gewendet und sie hat die ganze Überfahrt für Euch besorgt und Euch das Fehlende an Eurer Ausrüstung vorgeschossen. Daher ist die Compagnie auch die erste, an die Ihr Euch dort nach Eurer — Gott gebe — glücklichen Ankunft zu wenden habt. Die meisten unter Euch müssen sich durch Landwirtschaft nähren und das Land gehört der Compagnie. Ihr müsst es von dieser kaufen oder mieten. Die Unabhängigkeit von der Compagnie würde daher die nachteiligsten Folgen für Euch haben, denn auch wenn Ihr an Eurem Bestimmungsort seid, seid Ihr noch lange nicht am Ziel Eurer Wünsche. Sehr einleuchtend ist es mir, dass Ihr nicht beabsichtigt, die mehrfach genannte Compagnie zu beleidigen; allein, in Eurer gemeinschaftlichen Instruktion finde ich, dass der Doktor beauftragt ist, ein Tagebuch zu führen, in dem täglich alles Vorgefallene eingetragen wird, woraus die Compagnie Euren Lebenswandel während der Überfahrt erfahren will. So töricht wird der Doktor nicht sein, dass er solche Aufzüge und Äusserungen von Eurer Seite nicht aufschreiben würde. Wie wird die dortige Gesellschaft Euren Charakter beurteilen, wenn solche Ausdrücke in diesem

Buche vorkommen? — Ich überlasse die Frage Eurem eigenen Nachdenken. Bisher habe ich mich in dieser Sache neutral verhalten und kann nicht wissen, wie es der Doktor beschrieben hat. Es ist aber leicht zu erraten, dass er dieses so wichtige Ereignis nicht zu Eurem Vorteil geschildert hat. Hiermit sage ich keineswegs, dass Ihr recht habt, — nur, Ihr dürft nicht selbst richten. Was Ihr gegeneinander habt, kann erst an unserem Bestimmungsort entschieden werden. Insgesamt würde es für alle vorteilhafter ausfallen, wenn Ihr nicht gegeneinander klagen würdet.

3tens Was bei der Äquatortaufe vorgefallen ist, bezieht sich lediglich auf meine Zuständigkeit, da die Matrosen unter meinem und nicht unter des Doktors Befehl stehen. Es handelt sich um einen Brauch, der vor unseren Zeiten stattgefunden hat und der auch nach uns bleiben wird. Ein so erhabener Gedanke lässt sich unter Euch doch kaum erwarten, und auch nicht, dass das Seewesen sich nach den Launen etlicher preussischer Auswanderer richten werde. Ich bin zu jeder Stunde bereit, zu verantworten, was unter meiner Leitung vorfällt. Ich hoffe, dass Ihr einseht, wie ungleich mehr bei der Einigung zwischen Euch errungen wird, als Euer Recht Euch zuerkennt, und ich werde gewiss nie dulden, dass Euch auf irgendeine Art Unrechtmässigkeit widerfahren sollte.

Euer Verhältnis zu dem Doktor hat meine Gedanken in den letzten Tagen sehr beschäftigt. Einerlei ob Ihr oder der Doktor zuerst klagt, ich weiss im voraus, dass ich über Eure Klagen Auskunft zu geben habe. Ich finde diese Verhältnisse unter den gegenwärtigen Umständen so verwickelt, dass ich nichts Entscheidendes darüber zu sagen weiss.

Zwinge ich Euch nun den Doktor auf, wird der nicht folgen, und Ihr werdet ihn nicht anerkennen. Und selbst wenn dies so wäre, sehe ich während dieser Spaltung des Zankes kein Ende. Rechtfertige ich mich aber damit, dass ich und meine Leute nicht mit Euch fertig wurden, um Euch zum Gehorsam zu zwingen, so erkläre ich Euch in gewisser Hinsicht für rebellisch, was ich wiederum Eurem Charakter nicht anheften möchte.

Zum Schluss mein Vorschlag: Ihr vereinigt Euch wieder miteinander. Ich biete dazu meine Vermittlung an, so dass dieses ganze Ereignis als nicht geschehen sowohl aus den Gedanken, als auch aus dem Tagebuch getilgt wird.

Nehmt Ihr aber diesen meinen wohlgemeinten Vorschlag nicht an, so finde ich mich genötigt, Euch zu meiner späteren Rechtfertigung hiermit zu erklären, dass ich von der Süd-Australischen Compagnie befrachtet worden bin und daher die von dort erteilten Vorschriften aufs Pünktlichste befolgt wissen will. Dazu gehört vor allem, dass keine Lebensmittel unter Euch verteilt werden, ohne mich davon in Kenntnis zu setzen und ohne meine oder eines der Steuerleute Gegenwart. Findet dessen ungeachtet ein solches eigenmächtiges Verfahren ferner statt, so bin ich genötigt, solches im Schiffs-Journal einzutragen, zum Beweis, dass ich Euer Verfahren nicht gleichgültig übersehen habe.

An Bord der «Zebra»,
den 25sten Oktober 1838»

Die Vorsteher, sechs an der Zahl, sammelten sich um mich und baten mich, ich möchte ihnen diese Schrift vorlesen, damit sie den eigentlichen Sinn besser vernehmen konnten. Hierauf trugen sie mir ihre Klagen gegen den Doktor mündlich vor.

Erstens sei der Doktor zu ihnen in den Raum gekommen und habe Streit mit ihnen angefangen. Auf die vorerwähnte Antwort der Frau Helwig sei der Doktor aufgefahren und hätte gesagt: «Ich will Euch Bauersleute lehren, meiner Order zu folgen, Ihr Hundebrut, Ihr Lausevolk, das Ihr seid. . .», etc. etc. Durch diesen Spektakel hatte der kranke Mann Helwig seine Besinnung verloren und diese bis zu seinem zwei Tage später erfolgten Tode nicht wieder erhalten. Die Wahrheit dieser Aussage bekräftigten fünf glaubwürdige Zeugen. Der Doktor habe daher Ursache gegeben zu des Mannes frühem Tod in seinem dreiundvierzigsten Lebensjahr.

Sie hatten ihm das Verhalten verziehen; und der Doktor hatte ihnen geschworen, ähnliche Ausdrücke nicht wieder gegen sie verlauten zu lassen. Da er aber seinen Schwur nicht gehalten hatte, konnten sie dies nicht vergessen und einen Meineidigen als Befehlshaber über sich dulden.

Zweitens hatte der Doktor, wie bereits angeführt, dem Maurer Nitschke Glasbrocken in einem Pulver für seine Tochter gegeben, wovon ich selbst Zeuge sein musste. Falls der Mann dieses nicht bemerkt hätte, würde der Doktor das Mädchen vergiftet haben.

Drittens erklärte der Vorsteher Paech, er habe zwei Pulver für seine verstorbene Tochter von dem Doktor empfangen; eins dieser Pulver habe er laut Vorschrift des Doktors verwandt; worauf das Mädchen gleich über Bauchgrimmen geklagt habe und zwei Stunden später gestorben sei. Das zweite übriggebliebene Pulver habe er in Gewahrsam genommen, um es in Australien untersuchen zu lassen.

Viertens meinten die Vorsteher, der Doktor sei ebenso weit und sogar weiter von der Instruktion abgewichen als sie. Er war verpflichtet anwesend zu sein, wenn das Essen ausgeteilt würde, damit jeder seine Portion richtig erhielte. Das hatte er aber noch nie getan. Er war gehalten, alle Arten von Streitigkeiten zu schlichten, sass aber ruhig bei seinem Buch, während die Vorsteher sich halbe Tage mit dem Volk abstritten. Er hatte darauf zu achten, dass die Betten auf Deck gebracht wurden um auszulüften, damit Reinlichkeit unter ihnen bliebe. Dieses aber war nicht geschehen, einige lagen in Schmutz und Fäulnis voll Ungeziefer, das sich über das Ganze ausbreitete. Der Doktor schalt sie Läusevolk, kümmerte sich aber keineswegs um seine Pflicht, diesem Übel abzuhelfen. Dass der Doktor seinerseits nicht eben der sauberste war, ist hieraus leicht zu schliessen.

Ich riet jedoch den Vorstehern abermals, sich mit dem Doktor zu vertragen. Sie zeigten sich aber sehr hartnäckig und schienen nicht einwilligen zu wollen. Sie taten aber bei mir Abbitte und entschuldigten sich wegen der Streitigkeiten, die zwischen uns vorgefallen waren. Wo sie nicht Missverständnisse anführen konnten, nahmen sie die Schuld auf sich und versprachen, ähnliche Ereignisse nicht wieder vorkommen zu lassen. Hieran war mir aber weniger gelegen.

Endlich sagte ich: «Ich erkenne Euch als Vorsteher über die Gemeinde an, aber nicht als Bevollmächtigte. Wenn Ihr auf diesem Eurem Vorsatz besteht, in Australien den Doktor Mathiesen gerichtlich anzuklagen, dann erfordert es meine Pflicht als Ober-Vorsteher, jeden Familienvater der geneigt ist, mit in diesen Prozess einzutreten und darin verwickelt zu werden, aufzufordern, sich mir gegenüber zu erklären. Wer zurücktritt, den spreche ich von den dadurch entstehenden Unkosten frei, und er soll nicht mit in das vielleicht daraus entstehende

Unglück gezogen werden.» Hiermit traf ich ihre schwache Seite. Gleich waren ihrer vier bereit, sich mit dem Doktor wieder zu vereinigen, und machten dabei die Bemerkung, dass sie nicht mit in den Prozess verwickelt sein wollten. Es blieben folglich nur zwei, nämlich die Vorsteher Paech und Jaensch. Aber sie waren eigentlich die Hauptpersonen in der Gesellschaft. Allein, vor dem Wort Prozess hatten sie alle eine angeborene Furcht. Ehe ich noch von ihnen ging, erklärte auch Jaensch, sich wieder mit dem Doktor zu vereinigen.

Ich ging danach zu dem Doktor Mathiesen in der Absicht, wieder eine allseitige Eintracht zustande zu bringen.

Er hatte jedoch Besuch des Kajüts-Passagiers und erwiderte mir, er wolle bei einer anderen Gelegenheit einmal mit mir darüber sprechen. Ich sah, dass dem Doktor dieser Umstand gleichgültig war. Mir konnte diese Vereinigung weder nützen noch schaden, denn Friedensvermittler zu sein zwischen dem Doktor und seinen Emigranten lag weit ausserhalb des Bereichs meiner Obliegenheiten.

Auf den Abend bat er mich, ich möchte meine angefangene Erklärung doch nochmals wiederholen. Ich erwiderte ihm: «Ich muss beklagen, dass es sich nun so trifft: heute morgen war es Ihnen nicht gefällig, mich anzuhören, — und mir jetzt nicht, Ihnen meine Meinung vorzutragen.» Es wurde ihm dadurch bange, zu reden, und ich erwiderte ihm endlich: «Ich finde Eure Verhältnisse beiderseits so verwickelt, dass ich aufrichtig gestehen muss: es ist mir unmöglich, etwas Entscheidendes darüber zu sagen. Durch unverdrossene Mühe habe ich es bei den Vorstehern dahin gebracht, dass sie einer abermaligen Versöhnung nicht mehr abgeneigt sind. Finden Sie dieses Ihrerseits überflüssig, dann handeln Sie nach Ihrem eigenen Gutdünken. Sie haben mehr gelernt als ich; — so viel Erfahrung und Weltkenntnisse habe ich mir aber gesammelt, dass Sie mir diese Beurteilung zutrauen können: wenn diese Vereinigung nicht zustande kommt, ist Eure beiderseitige Lage nach unserer Ankunft in Adelaide äusserst misslich.» Dem Doktor war diese Sprache höchst auffallend. Er äusserte, dass die ganze Schuld lediglich den Passagieren zuzuschreiben sei, indem diese sich gegen ihn aufgelehnt und ihn abgesetzt hätten: und er war sich seinerseits keines Fehlers bewusst. Ich hielt ihm jedoch die von den Passagieren eingereichte Klage vor, die ich natürlich in meinem Protokoll eingetragen hatte, und sagte ihm: «Nachdem ich Ihre Instruktionen kenne, finde ich die gegen Sie gerichteten Klagen eben nicht unbegründet und muss gestehen, dass meiner Ansicht nach Sie weiter von Ihren Instruktionen abweichen als die Passagiere von den ihren. — Ob das Gesetz übertreten oder unterlassen wird, bleibt sich immer gleich.»

Hierdurch machte ich den Doktor erst recht darauf aufmerksam, was eigentlich seine Obliegenheiten waren, die er aber auch unmöglich ausführen konnte, nachdem er sich einmal bei der ganzen Gesellschaft verhasst gemacht hatte. Er wusste sich selbst in seiner Situation nicht mehr zu raten, und äusserte sich endlich, wenn ich ihn am Kap der Guten Hoffnung an Land setzen wollte, würde er die dadurch entstehenden Unkosten bezahlen.

Ich erwiderte ihm: «Nein, Sie haben sich bis Süd-Australien verpflichtet, und nur da können Sie sich von den Menschen trennen, wenn mit Gottes Hilfe die Reise vollendet ist. Ferner habe ich Ihnen noch zu sagen, dass es mir nicht verborgen geblieben ist, dass Sie, seitdem die Streitigkeiten eingerissen sind, fortfahren, alles Tadelhafte, was Sie nur an den Passagieren finden können in Ihr Tagebuch einzutragen. Dieses Buch soll geschlossen sein. Mit der Stunde, da Sie abgesetzt sind, sind Sie nicht mehr Doktor. Kundschafter dulde ich nicht. Sollten Sie aber wie bisher damit fortfahren, so muss ich Ihnen sagen, dass ich künftig für die Passagiere schreibe und Sie Ihren Gegner an mir finden werden. Unter meiner Leitung lasse ich diese Menschen nicht ins Unglück stürzen.»

Ich werde jetzt mit ein paar Zeilen von meinem Thema abweichen und den Leser mit dem eigentümlichen Charakter des so oft erwähnten Doktors bekannt machen.

Der Doktor Mathiesen war ein Mann, der wohl nie länger der Leitung seiner Mutter entzogen gewesen war, als es seine Studienjahre aufs Notwendigste erfordert hatten. Nur das Befehlen war ihm angeboren, zu gehorchen war ihm offenbar nie zugemutet worden. Er hatte die Gabe, mit einem launenhaften Blick und mit Disposition, Mienen und Auftreten in einer Minute ein halbes Dutzend Bediente in die Flucht zu treiben. Eine Praxis als Arzt hatte er seiner Aussage nach bei seiner Mutter in Schleswig nicht gefunden. Er hatte auch nie in engerer Bindung mit Menschen gelebt, sondern war bisher nur seiner angeborenen Neigung gefolgt. Er stand in seinem einunddreissigsten Lebensjahr. Mit diesen Eigenschaften versehen trat er auf den Schauplatz und sah einen Haufen armseliger Menschen vor sich, die ihn nicht bloss als Doktor zu verehren hatten, sondern er stand zugleich als Befehlshaber über eine Gesellschaft da, die er sich so weit unter seiner Würde dachte, dass er seine Befehle so despotisch erteilte, wie es ihnen selbst in Preussen noch nie vorgekommen war. Bei dieser Haltung vergass er seine Pflichten, ja, er vergass seiner selbst, was er war und wofür er da war. Die Landleute hingegen hatten eine andere Meinung von ihrem Doktor und dachten, er stehe in ihren Diensten, und verlangten doch wenigstens für ihr Geld, womit sie ihn besoldeten, er solle ihnen höflich entgegenkommen. Allein, diese Leute haben die Eigenheit an sich, dass sie lange schweigen, aber im Stillen gärt allenthalben die Unzufriedenheit. Durch dieses Schweigen und Nachgeben wird des Befehlshabers Mut gereizt, und die Gärung auf der anderen Seite gelangt endlich zu Reife und Ausbruch.

Wenn dann das Feuer an allen Ecken brennt,

jeder seine Bande löst, Männer, Weiber und Kinder vereint klagen und schelten, dann zieht der Befehlshaber sich in seine Kammer zurück und lernt erkennen, was er ist, und einsehen, dass ein armer Mann nicht immer ein dummer Mann ist, — besonders bei diesen Leuten, wo manch ein alter Soldat darunter war, der schon unter Napoleon etliche Feldzüge mitgemacht hatte und Weltkenntnisse besass. Dann fällt die Last auf unsereinen; Ordnung einzuführen und zu erhalten ist ohne Zwangsmittel schwierig unter so vielen Menschen, allein, bei solchen Auftritten ist es eine eigene Sache, so viele Menschen wieder zu beruhigen und auf die Ordnung zurückzubringen. Der Doktor lernte hieraus, sein Verhältnis zu den Leuten anders zu sehen und bat mich, ich sollte ihm sagen, wie er sich zu benehmen hätte, er würde unbedingt meinem Rat folgen. Er meinte auch, er wolle den folgenden Tag wieder sein Fach wie früher antreten. Das war nun unmöglich; denn, machte er weiter wie bisher, würden sie ihn aufs neue davonjagen.

Ich instruierte ihn für die Zukunft: zunächst müsste er sich nach und nach wieder unter den Menschen beliebt machen, dann eine passende Zeit abwarten, um sich mit den Vorstehern zu versöhnen und um dann ebenso allmählich wieder sein Fach und seine Obliegenheiten an sich zu ziehen.

«Kommen sie dann wieder in Euer Geleite», setzte ich hinzu, «dann haltet auf Eure Instruktion und merket auf die Regel: um Frieden und

Ordnung unter den Leuten zu halten, muss Güte und Strenge zugleich herrschen, so miteinander verbunden, dass sie ersteres zu erwarten und letzteres zu fürchten haben.» Der Doktor folgte meinem Rat und suchte sich, so gut wie seine Geschicklichkeit es zuliess, bei der Gesellschaft wieder einzuschmeicheln. Ich trug das meinige dazu bei, alles wieder zum Vergleich zu bringen, nur war die Witterung dazu nicht günstig. Endlich am 5. November traf uns ein stürmischer Tag, an dem die Herzen der Landleute sowieso stets in der Klammer sind. Ich führte die Vorsteher vor den Doktor in die Kajüte, wo in meiner Gegenwart ein förmlicher Vereinigungs-Kontrakt abgeschlossen wurde. Der Doktor versprach dabei, sein Tagebuch mir zur Untersuchung vorzulegen, alles herauszureissen, was ich nicht für gut erkannte, und stattdessen ein neues auszufertigen.

Der Doktor übernahm wieder seine Obliegenheiten.

Am 15. November kam der Doktor Mathiesen mit einer Schachtel Blattern-Impfe zum Vorschein, die ihm von einem Sanitätskollegen aus Kopenhagen zugesandt worden war. Er sollte einen Versuch machen, ob diese Impfe jenseits des Äquators eine ähnliche Wirkung hervorbrachte wie in Europa. Damit wollte er denjenigen Kindern die Blattern einimpfen, die bisher noch nicht geimpft waren. Da ich befürchtete, dass der Doktor durch sein Impfen die natürlichen Blattern unter der Gesellschaft an Bord der «Zebra» einpflanzen könnte, habe ich ihm nicht erlaubt, dieses Geschäft vorzunehmen.

Während wir die heisse Zone passierten, kamen die Passagiere zu mir und baten mich um täglich zwei Eimer Trinkwasser mehr als ihre Ration vorsah. Sie versprachen, diese Zulage später wieder einzusparen, sobald die Temperatur sich geändert hätte. Auch der Umstand der vielen Kranken bewog mich, einzuwilligen. Diese Zulage fand zwischen den Wendekreisen statt. Ich hatte Mühe, die eingewilligte Zulage auch bereitzustellen, von dem Gedanken der späteren Einsparung ganz zu schweigen.

Auf 38° Süd-Breite, wo wir unseren Kurs ostwärts fortsetzten, herrschte mitunter starke Kälte, weshalb ich abermals auf Einsparung des zuviel ausgeteilten Wassers anhielt. Die einstimmige Erwiderung der Vorsteher, dass sie nicht mit weniger Trinkwasser auskommen könnten, sowie auch die Vermutung, dass unsere Reise eben nicht ganz so lange zu werden schien, bewogen mich wiederum, es bei der zuvor erhöhten Ration zu lassen. Lebensmittel, sowie auch das Trinkwasser für die Passagiere waren auf Deck geschafft worden, denn das Wasser hatte in den alten Fässern einen üblen Geruch und Geschmack angenommen (weil diese Fässer vorher für Sprit oder Wein gedient hatten), war jedoch noch immerhin geniessbar. In den neuen Fässern hingegen hatte sich das Wasser sehr gut gehalten. Diese liegen ihrer Grösse wegen meistens unten auf dem Boden des Schiffes. Durch unverdrossene Mühe gelang es uns, an acht Stück dieser grossen Fässer heranzukommen und das Wasser herauszubringen, wovon sie circa vierzehn Tage zu leben hatten. Am 29. November war es nun nicht möglich, mehrere dieser grossen neuen Fässer zu erreichen, daher mussten einige der kleinen aufgebraucht werden, in denen sich dieses übelriechende Wasser befand. Ich bestimmte es zum Gebrauch für Kaffee und Tee, und das noch vorrätige bessere liess ich nur als rohes Trinkwasser austeilen. Durch das zuletzt erhaltene schöne Wasser verwöhnt, wollten sie das übelriechende Wasser nicht mehr gebrauchen und forderten von mir besseres Wasser. Einige der Pöbelhaftesten waren sogar bereit, schimpfliche Ausdrücke gegen mich verlauten zu lassen.

Ich rief die Vorsteher zusammen und sagte ihnen, dass ich mich keineswegs deshalb mit ihnen streiten möchte: «Die Wasserfässer waren so, wie Herr Swaine sie an Bord geschickt hatte; das Wasser haben wir sauber darin eingefüllt, und ich habe den Geruch nicht dazugetan, den Raum des Schiffes habt Ihr gemietet. Ihr werdet in Eurer Instruktion finden, dass Ihr Euch selbst Eure Lebensmittel auf Deck zu bringen habt. Solange es Euch recht war, haben wir dies getan. Von nun an müsst Ihr es selbst unter der Leitung eines Schiffsoffiziers betreiben, meinetwegen nehmt Euch Wasser, wo und was Ihr findet. — Ich spreche mich in Euer aller Gegenwart von der Verantwortung der Folgen frei und befehle, keinen Tropfen mehr von dem besten Wasser zu nehmen, als Eure Ration Euch zuerkennt, und nichts von dem schlechteren wegzuwerfen.»

Am 30. November entstand ein heftiger Streit unter den Menschen über ihre Heringe, von denen in der heissen Zone, des Durstes wegen, nichts gegessen worden war. Sie verlangten eine Zulage auf ihre Wasserration, wenn sie des Mittags Heringe hatten. Ich konnte Ihnen das nicht zugestehen, da man nicht wissen konnte, wie lange wir noch auf See sein mussten. Es wurde daher pro Woche so viel an Fleisch und Speck gespart, dass auch am Sonnabend, als dem festgesetzten Heringstag, Fleisch oder Speck gereicht werden konnte.

Da ich endlich jenseits des Kaps der Guten Hoffnung den erwünschten Fortgang unserer Reise sah, bewilligte ich ihnen zwei Eimer Trinkwasser mehr auf den Heringstag. Dies hatte zur Folge, dass nun eine Partei ihre Portion Heringe wollte, die andere hingegen verlangte, die Heringe sollten liegenbleiben bis wir nach Australien kämen. Letzteres war der Wille der Vorsteher, wahrscheinlich mit der Absicht, die Heringe dort vorteilhaft zu verkaufen und damit einen Teil des Geldes zu sichern, das sie zu der Überfahrt der Unbemittelten vorgeschossen hatten.

Doktor Mathiesen, noch immer aufs Eifrigste bemüht, sich wieder die Gunst der Vorsteher zu erwerben, ging in den Passagierraum und fragte jede Familie, ob sie Heringe verlange oder nicht. Die meisten, aus Furcht vor den

Vorstehern, und besonders die Armen sagten *Nein*. Jedoch fanden sich zehn Familien, die ihre Ration Heringe beanspruchten. Danach kam der Doktor wieder auf Deck; sich selbst über seinen eigenen Witz verwundernd, trug er einen halben Bogen Papier in der Hand, auf dem die Namen derjenigen notiert waren, die Heringe verlangten. Er machte dabei ein Gesicht, als ob die zehn Familien zu lebenslänglicher Zuchthausstrafe verurteilt werden sollten. Im Vorbeigehen sagte er mir, dass er an diesem Tag, nämlich dem 30., den Leuten fünfzehn Pfund Speck über ihre Ration hinaus zuerkannt und bereits gegeben hatte. Diese fünfzehn Pfund Speck sollten als Schadenersatz dafür dienen.

Mit dem grössten Unwillen sah ich, dass der Doktor wieder auf dem besten Wege war, die ganze Gesellschaft in Aufruhr zu bringen. Jedoch war ich neugierig, zu sehen, wie er mit seinen Vorhaben enden würde und hielt mich deshalb zurück. Der Streit wurde immer heftiger. Der Doktor, mitten im Kreis der Aufgebrachten eingeschlossen, verteidigte natürlich die Meinung der Vorsteher. Er wurde gar nicht mehr angehört. Ein Vorsteher, der Heringe verlangte, wurde abgesetzt. Als es endlich beinahe zum Handgemenge kommen wollte, schlich der Doktor sich aus dem Gedränge und kam mit seinen Klagen zu mir. Er meinte, die zehn Familien, die Heringe verlangten, seien als Aufrührer anzusehen und müssten bestraft werden. Er hätte im Einverständnis mit den Vorstehern diesen zehn Familien für sich allein ein ganzes

Fass angeboten. Dieses wollten sie jedoch nicht annehmen es wäre mit diesen Leuten durchaus nichts anzufangen. Ein Mann unter diesen zehn, namens Christian Bartel, hatte sogar verlangt, man sollte ihm seine Ration Butter, Käse und Brot, auf die er früher verzichtet hatte, jetzt wieder zurückgeben.

Dieser Bartel und seine Familie waren die redlichsten und bravsten Leute, die ich unter dieser Gesellschaft kennengelernt habe. Ich konnte mir einen solchen Unsinn von diesem Manne nicht denken, rief ihn daher zu mir und befragte ihn nach diesen Verhältnissen.

Er erklärte: «In allen Fällen wurde von unseren Lebensmitteln ausgeteilt, wann es den Vorstehern beliebte. Ich war mit meiner Familie lange seekrank, aber ob wir das Essen mochten oder haben wollten, danach wurde nicht gefragt. Ich habe daher auf meine Ration an Butter, Käse etc. etc. verzichtet und gesagt, verteilt das Meinige an diejenigen, die es essen mögen. Da es nun den Vorstehern aus gewissen Gründen nicht konveniert, Heringe zu nehmen, soll allein für unsere zehn Familien ein Fass Heringe geöffnet werden, die doch ganz gewiss verderben werden, ehe wir die Hälfte davon verzehrt haben. Ich habe daher gesagt, wenn auf diese Art die Gemeinschaft in einem Teil aufgehoben ist, dann lasst uns die ganze aufheben und gebt mir dann auch meinen Teil von dem zurück was ich früher nicht erhalten habe. Wozu hängt die Speisetaxe im Raum, wenn nach den Launen der Vorsteher gespeist werden soll?»

Als er gegangen war, kam der Doktor, der nun durch den fortwährenden Streit in Eifer geraten war, zu mir in die Kajüte und fragte in einem seinem Charakter angemessenen Ton, ob ich seiner Aussage weniger Glauben beimessen würde, weil ich mich erst bei einem Auswanderer erkundigte. Ich erwiderte, ich müsste sehr ungerecht sein, wenn ich nicht auch dem Belasteten Gehör geben wollte.

«Übrigens gibt mir Ihr heutiges Benehmen Ursache, gegen mehrere Punkte grosse Zweifel zu hegen, die ich von Ihnen gehört und gesehen habe, und ich möchte in diesem Augenblick wohl eine Erklärung dazu hören. Aber ich gehe davon aus und vertraue Ihnen, dass Sie nicht ohne Vorbedacht handeln, und frage Sie: Wer gibt Ihnen und den Vorstehern das Recht, ohne die allgemeine Zustimmung die Speisetaxe zu verändern? Alles, was bisher stattgefunden hat, ist mit allgemeiner Bewilligung eingeführt worden. Freilich kann auf zwei oder drei keine Rücksicht genommen werden, aber, sobald sich so viele Unzufriedene, über ein Viertel, einstellen wie jetzt, haben Sie als einzigen Massstab nur Ihre Taxe heranzuziehen und müssen sich unbedingt danach richten.

Wie wollen Sie ohne diese Regel jetzt die Ruhe wieder herstellen? Was muss der Pöbel jetzt von sich selbst denken, und was von seinem Doktor? Sie als Vorgesetzter für die ganze Gesellschaft würdigen sich herab zu ihrem Diener, gehen vor jedermanns Bett und fragen das Volk, den Vorstehern zu gefallen, was sie essen wollen? Kaum ist der Streit beigelegt über das Wasser, gehen Sie hin und wiegen fünfzehn Pfund Speck als Entschädigung für das riechende Wasser ab. Sie leiten die Menschen mit Gewalt auf den Gedanken, dass ich ihnen grosses Unrecht habe widerfahren lassen. Gewöhnen Sie die Menschen nun heute an so viel Speck, verlangen sie es morgen auch; wird es nicht dargereicht, hört man Klage über Klage, dass sie nicht genug haben.

Bald ist das beste Wasser verbraucht, so dass nur übelriechendes Wasser verteilt werden kann. Wo nehmen Sie dann täglich fünfzehn Pfund Speck zur Entschädigung her? Einmal habe ich Ihnen geholfen; bringen Sie sich nun abermals in Schwierigkeiten, dann rechnen Sie nicht auf mich: ich will mich über solche Dinge nicht mehr ärgern.»

Der Doktor sah jetzt ein, dass die Sache nicht bereinigt war, auch wenn die Leute sich für den Augenblick beruhigt hatten. Er erwiderte, er wolle auf mein Verlangen gleich zu den Vorstehern gehen und ihnen befehlen, statt Speck den folgenden Tag Heringe zu verteilen und besagte fünfzehn Pfund Speck Übergewicht wieder zurückzunehmen.

«Nein, guter Mann, so nicht», versetzte ich, «auf diese Art sollen Sie Ihr Schäfchen nicht wieder aufs Trockene ziehen, und ich soll mich mit dem Volk zanken. Beseitigen Sie erst diese Unruhe. Dann verlange ich, um die Ruhe zu erhalten, dass der Speisetaxe aufs Pünktlichste nachgelebt wird.»

Am 2. Dezember trat dieses neue Reglement in Kraft. Es wurde ein Fass Heringe auf Deck genommen. Bei der Öffnung desselben fand es sich, dass die Heringe viel verloren hatten. Wenn auch eben nicht verdorben, hatte das Fleisch sich jedoch von den Gräten gelöst und lag in einer Masse da. Dieser Umstand war Anlass zu neuem Streit, der so heftig wurde, dass des Doktors Vermittlung zwischen beiden Parteien gar nicht angehört wurde. Die Vorsteher wurden von den Übrigen, die schon längst um Heringe angehalten hatten, beschuldigt, dass sie die Heringe zu ihrem Gefallen so lange aufgehoben hatten, bis sie verdorben waren. Dieser Streit dehnte sich so weit aus, dass sie sich einander Diebe und Spitzbuben schalten. Lange hatte ich diese Unruhe geduldig angesehen, da ich aber kein Ende des Zankes sah, trat ich dazwischen. Ich gebot ihnen allen, zu schweigen und sagte ihnen, dass ich in einem solchen Spektakel durchaus nicht länger leben wollte. Jede Klage, die später entstehen mochte, sollte mir vorgebracht werden, ich wollte jeden Streit schlichten und mein Verfahren später an Land verantworten. Fände ich wieder zwei in Streit verwickelt, liesse ich sie unweigerlich in die Boje setzen. Sogleich reichte der Vorsteher Jaensch eine Klage ein, der Stellmacher Nitschke habe ihn in Gegenwart der ganzen Gesellschaft einen Dieb genannt und verlangte seine Ehrenerklärung. Seine Frau und Kinder standen ihm zur Seite und weinten bitterlich. Die angeführte Beschuldigung des Stellmachers Nitschke gegen den Vorsteher Jaensch rührte aber noch von ihrem Geburtsort Kay her und schien mir eine alte Geschichte zu sein.

Für mich war dies schon ein schwieriger Anfang als Richter. Ich erklärte, dass mein Richterspruch nicht über den Bezirk des Schiffes hinausgehen könnte und hier auch nicht der Ort sei, Kriminalgericht zu halten. Nur was hier an Bord vorfiele, könnte ich schlichten und daher für den Vorsteher Jaensch nichts weiter tun, als die frevelhafte Aussage des Stellmachers Nitschke in mein Protokoll einzutragen, das dann auf Verlangen in Süd-Australien vorgezeigt werden könnte.

Schon Anfang November, als die Passagiere sich mit dem Doktor entzweiten, setzten sie in jeder Woche, mittwochs, einen Tag als Gerichtstag unter sich ein. Alle Arten von Streitigkeiten sollten die Woche über im Stillen getragen und dann durch Stimmenmehrheit entschieden werden. Der Vorsteher Meister Behrend erklärte sogar, an diesem Tage müssten, je nach Urteil, angemessene körperliche Züchtigungen stattfinden.

Dieser Gerichtstag war aber nur von kurzem Bestand. Es fanden sich so viele Klagen und selbst die Vorsteher als Richter brachten ihre selbst ein. Daher wurde bloss gestritten, und wenn es Mittag war, gingen alle, nach gegenseitigen Beschimpfungen auseinander, — wodurch der Gerichtstag nach und nach wieder verschwand, wie er entstanden war. Nach diesem neuen Reglement blieb alles ruhig und in Ordnung, nur bei ihrem Gottesdienst, der täglich dreimal stattfand, liess sich der einmal gekeimte Hader am deutlichsten erkennen.

Der Kälte wegen konnte die Andacht nicht mehr auf Deck unter freiem Himmel geschehen; im Zwischendeck beklagten die Hintersten sich, dass sie nicht hören konnten, was mittschiffs verhandelt wurde.

Die Vorsteher Behrend und Jaensch wollten sich das Predigeramt nicht nehmen lassen, das auch mit den Obliegenheiten des Küsters verbunden war. Es wurde daher der Gottesdienst in zwei Parteien geteilt: die Hintersten liessen zuerst die Vordersten ihren Gottesdienst verrichten, und fingen dann an, nachdem diese fertig waren. Sie meinten aber, am folgenden Tag müssten jene warten bis sie geendigt hatten. Da oben benannte Vorsteher aber beide zu der vordersten Partei gehörten und nun so lange dem Predigeramt vorgestanden hatten, nahmen sie von den Hintersten keine Notiz. Es wurde daher an beiden Enden des Schiffes gewetteifert, wer den anderen an Lautstärke übertreffe. Man stelle sich den Spektakel vor, wenn circa achtzig Stimmen jeder Partei mit verschiedenen Melodien und Gesängen gegeneinander schreien. — Ich habe mich aber in die Angelegenheit nicht einmischen wollen, weil es zum Religionseifer gezählt werden sollte.

Am 17. Dezember entstand ein neuer Streit im Zwischendeck, anfänglich durch zwei

Frauen, die eine zum Zimmermann und die andere zum Bartel gehörend. Erstere behauptete, die Haare auf dem Kopf seien von keinem Nutzen, letztere war der Meinung, Gott habe dem Menschen die Haare gegeben, dass er sie flechte und den Körper damit ziere. Ein Benachbarter namens Wittwer, Müller von Beruf, wurde mit in diese Zwistigkeit verwickelt und schloss sich der letzteren Meinung an. Mit des Müllers Beipflichtung hatte dies jedoch noch nicht sein Bewenden, obgleich er Vorsteher war, sondern griff weiter um sich, so dass ein allgemeiner Streit darüber entstand und von den Haaren auf die Kleidung überging. Hauspostillen und die Bibel wurden zur Hand genommen, und dem Müller wurde nachgewiesen, dass er sich versündige, weil er (als ein bemittelter Mann) einen feinen Rock trüge wie ihn die Übrigen nicht hatten. Man warf ihm vor, dass er dadurch Hochmut zeige und bei der Landung in Adelaide die Einwohner auf den Gedanken bringen könnte, dass sie alle vielleicht vermögend seien und deshalb mit höheren Zinsen und Steuern belegt werden könnten. Der Streit ist aber nicht bis zu mir gekommen und ich habe ihn mit Geduld übersehen, da wir unserem Bestimmungsort so nahe waren.

Hiermit beschliesse ich nun mein Protokoll und meine, alle besonderen Ereignisse, die sich auf dieser Reise (die sich wohl als der merkwürdigste Gegenstand in meiner Laufbahn darstellen wird) zutrugen, notiert zu haben.

Es folgen nun noch einige Bemerkungen über die Beschaffenheit des Landes und die Eingeborenen oder Wilden und ihre Eigentümlichkeiten.

Die Beschaffenheit des Landes

Wenn dieses schöne Land, das bis jetzt noch in seiner Rohheit daliegt, dereinst von Europäern bevölkert ist, wird es sich in der Zukunft (bis zu der jedoch noch ein längerer Zeitraum vergehen wird), unstreitig als das reichste und ergiebigste Land in der Welt darstellen. Es besteht kein Zweifel, dass dieses Land alle Bedürfnisse für eine Kultivierung befriedigen wird; der Boden ist fruchtbar, das Land in sich so gross, dass man sich ein beliebiges Klima wählen kann, dem Geschäft angemessen, welches man zu treiben beabsichtigt.

Die Gegend um Adelaide, an der Südostseite dieses Landes gelegen, war hinsichtlich der Vegetation noch im Werden. Allein Boden und Klima lassen keinen Zweifel übrig, dass sie nicht die besten Feld- und Gartenfrüchte, sowie verschiedene Arten von Kohl, Kartoffeln etc. hervorbringen werden. Diese Artikel waren sehr teuer, so dass der einfache Mann sie nicht kaufen konnte. Aber es gab doch den Beweis, dass diese Früchte dort gediehen und schmackhaft waren. Dass man selbige dort nur sparsam hatte, lag teils daran, dass die Pflanzung bislang auf dem schlechtesten Boden, den es dort in der

Nähe der Stadt gibt, geschehen war, aber auch daran, dass nur wenige, aus Mangel an Zeit, Gartenbau betrieben hatten. Jeder Ankömmling musste sich zuerst um seinen Hüttenbau kümmern.

Herr Angas hatte dort eine ganze Sektion bewirtschaftetes Land. Ich habe daselbst die schönsten Melonen von seltener Grösse wachsen sehen, sowie Kohl und Kartoffeln. Letztere waren jedoch nur von kleiner Art, aber der Gärtner erklärte mir, dass sie zur Unzeit gepflanzt waren. Dahingegen fand ich die schönsten und schmackhaftesten gelben Wurzeln, die ich je gegessen habe, desgleichen sonstiges Suppenkraut.

Auch habe ich dort so schöne Früchte aus Sidney gesehen und probiert, wie man sie in Europa nicht schöner aus Spanien und Italien bezieht, wie z. B. Äpfel, Birnen, Apfelsinen, Trauben und Nüsse etc. Sidney liegt annähernd auf demselben Breitengrad wie Adelaide, und, da es hier am Boden nicht fehlte, sollte auch das Obst so gut wie in Sidney gedeihen.

Die Nordküste von Australien ist nur durch die Torres-Strasse von den fruchtbaren indischen Inseln getrennt, daher ist zu vermuten, dass die Nordküste dieses Landes sowohl Kaffee, Zucker, Reis als auch Baumwolle etc. hervorbringen wird, wie etwa Java. Tabakspflanzungen waren bereits bei Adelaide angelegt, deren Erfolg ist mir jedoch unbekannt geblieben. Holz findet man überall im Überfluss, jedoch von sehr harter Art, wie das sogenannte

Eukalyptus- und Zedernholz, das eigentlich gar nicht oder doch nur mit viel Mühe zum Häuserbau zu verwenden ist. Dahingegen hat das benachbarte Neu-Seeland wieder Überfluss an schönstem Fichtenholz. Die Küsten und einzelne Flüsse sind reich an Fischen, das Land und der Wald reich an wilden Vögeln mancherlei Art. Der Walfischfang wird vom Lande aus betrieben. Nur durch den Ankauf von drei oder vier gewöhnlichen Walfischbooten mit den erforderlichen Gerätschaften und Besoldung nebst Unterhalt für fünf Mann auf jedem Boot kann eine solche Fischerei betrieben werden. Sie hat sich bis jetzt noch für den Unternehmer als sehr vorteilhaft bewährt.

Ich lernte einen von der Süd-Australischen Compagnie ausgesandten Naturforscher namens Menge, einen geborenen Deutschen, kennen. Dieser sagte, dass er auf Känguruh-Insel fünfzig Prozent Eisen gefunden hatte, ein so reichhaltiges Erz, wie es der gewiss erfahrene und sachkundige Mann noch nie gesehen hatte. Er war der Meinung, dass bei genauer Untersuchung auch edleres Metall zu finden wäre. Allein, dieser Mann hatte einen Kontrakt mit der Compagnie abgeschlossen, worin ihm als Belohnung für seine Entdeckungen eine gewisse Summe festgesetzt worden war, nämlich hundert Pfund Sterling für Eisen, zweihundert Pfund Sterling für Kohlen, dreihundert Pfund Sterling für Kupfer, fünfhundert Pfund Sterling für Silber und tausend Pfund Sterling für Gold. Das Eisen fand er bald und verlangte von dem Bevollmächtigten der Compagnie, David McLaren, seine Belohnung. Der verweigerte ihm jedoch diese Zahlung, weshalb Menge den Kontrakt als aufgelöst ansah und sich um diese Angelegenheit nicht mehr weiter bekümmerte. Die Compagnie hat gewiss viel an diesem Mann verloren. Als ich Adelaide verliess, glaubte Menge auf der Spur von Steinkohle zu sein, wohin er zu abermaligen Untersuchungen abreiste. Da ihm die heimliche Mitteilung solcher Entdeckungen an Privatleute bedeutende Summen versprach, schien es, als wenn er es nun auf diesem Wege betreiben würde.

Einen zweiten von der preussischen Regierung ausgesandten Naturforscher lernte ich damals auch kennen. Der Mann hatte bereits eine sehr schöne Sammlung seltener Arten von Pflanzen, Insekten und Muscheln und ging kurz vor meiner Abfahrt von Adelaide weg in der Absicht, quer durch das Land zum Gulf of Carpentaria an der Nordküste zu gehen. Auch Menge wollte gleich nach seiner Rückkunft diese Tour unternehmen, er wünschte jedoch einen Reisegefährten, den er unter meinen Auswanderern zu finden hoffte; allein niemand schien dazu Neigung zu haben.

Mir schien dieses eine höchst beschwerliche Unternehmung, vorzüglich für zwei einzelne Personen, die doch wenigstens vier Monate zu wandern hatten, ehe sie im glücklichsten Falle ihr Ziel erreichen konnten. Freilich waren bereits, wie auch schon früher erwähnt, einige mit Triften Vieh von Sidney in Adelaide angekommen und hatten auf dieser Reise sechzehn Wochen zugebracht. Diese Distanz war aber ungleich kürzer, und dann führten diese ihre Zelte mit sich, sowie Kompass, Navigationsinstrumente, Karten, Bücher, ja selbst einen Chronometer. Sie stellten jeden Mittag Observationen an und setzten ihren Besteckpunkt wie auf See in der Karte nieder. Ich habe selbst ein von Captain Finnis geführtes Journal gesehen, der zuerst diese Reise unternahm. Diese Reisenden waren alle so stark bewaffnet, dass sie eine Horde von Wilden abwehren konnten. Auch konnte es ihnen an Lebensmitteln nicht fehlen, da sie eine ganze Herde Vieh vor sich hertrieben, und wenn sie sich nachts zur Ruhe legten, hielt einer Wache. Alles dieses fehlte unserem Herrn Menge. Um meine Neugierde zu befriedigen, erkundigte ich mich bei ihm, wie er sein Vorhaben fortsetzen wollte. Ich zählte alle Punkte auf, die mir dabei unentbehrlich schienen, aber für ihn unmöglich zu benutzen waren; denn wenn er auch wirklich der erforderlichen Instrumente habhaft wurde, so wusste er doch nicht mit ihnen umzugehen. Und wie sollte er so viele Lebensmittel transportieren, wie auf vier Monate erforderlich waren. Ausserdem konnte er ja keine Stunde ruhen, ohne sich der Gefahr auszusetzen, von den Wilden ermordet oder von wilden Tieren zerrissen zu werden.

Menge gab mir auf diese meine Vorstellung eine entschiedene Antwort. Er war der erste, der die umliegende Gegend von Adelaide durchwandert hatte. Er hatte auf dieser Tour ganze vier Wochen zugebracht, ohne dass er einen Christenmenschen gesehen hatte. Er war keineswegs aus Mangel an Lebensmitteln oder weil er sich verirrt hatte auf seinem Weg zurückgekehrt, obwohl er ohne Kompass und auch ohne nur die wenigsten Lebensmittel bei sich zu führen, seine Wanderschaft angetreten hatte. Nur seine Flinte, Pulver und Hagel nebst einer blechernen Muck oder Kumm waren seine Ausrüstung. «Werde ich hungrig, schiesse ich mir einen Vogel, deren genug über das ganze Land zu haben sind; ist kein Wasser in der Gegend, so röste ich meinen Vogel und stille meinen Durst mit dem Blut davon; ist Wasser da, umso besser, dann benutze ich meine blecherne Muck und bereite mir täglich eine Suppe. Einen Kompass», fuhr er fort, «besitze und brauche ich nicht. Bei Tage zeigt die Sonne mir meinen Weg und bei Nacht die Sterne. Ist die Luft so trübe, dass weder Sonne noch Sterne sich zeigen, dann ruhe ich mich aus, schlafe aber nie auf der Erde, sondern in einem Baum. Da finden mich weder die wilden Menschen noch Tiere.»

Sind diese zwei seltenen Menschen so glücklich, ihr Vorhaben auszuführen, werden sie sicher im Innern des Landes so wichtige Entdekkungen machen, dass sie gewiss von der englischen Regierung reichlich belohnt werden. Die vorzüglichste Triebfeder zu dieser Unternehmung war wohl die Hoffnung, einen im Innern des Landes vermuteten See zu entdecken. Die Armut an frischem Wasser und an Flüssen, die

Australien eigen ist, hat wohl zuerst zu dem Gedanken geführt, dass ein solcher See im Innern vorhanden sein müsste. Diese Meinung wird jetzt durch die wilden Eingeborenen bestärkt, soweit diese sich verständlich machen können. Sie haben auf eine lange Distanz in nordwestlicher Richtung von Adelaide hingedeutet, da sei eine Stelle, wo sehr viel Wasser wäre, welches gut zu trinken sei.

Über die Wilden

Die dortigen Wilden sind eine Menschenrasse von überaus hässlicher Gestalt. Sie treiben sich wie das Vieh herum, nackt und bloss, wie sie zur Welt gekommen sind. Nur einige haben vielleicht ein Känguruhfell um sich geschlungen, um ihre Blösse zu decken. Die Blattern müssen häufig unter ihnen herrschen, weil die Mehrzahl von ihnen Narben davon tragen. Ihr Haar ist steif und so lang, dass es ihnen bis auf die Schulter herunterhängt. Gerne schmieren sie ihr Haar mit Fett ein und färben es, wie auch den ganzen Kopf, mit dem Abfall von zwei aneinandergeriebenen Mauersteinen rot. Hierdurch klebt das Haar dermassen aneinander, dass es ihnen in dicken Klaustern um den Hals baumelt. Ihre Gesichtszüge sind ohne Unterschied recht hässlich, der Oberleib ist dick und plump, dabei haben sie ganz dünne Lenden und Beine.

Sie haben sich in kleine Stämme oder (wie die Engländer sagen) Tribes geteilt, vielleicht fünfzig bis sechzig Mann in jeder Compagnie. Jeder Tribe hat seinen König. Fast immer führen sie Krieg gegeneinander; gewöhnlich streiten sie sich um ihre Frauen. Es sind ungleich mehr männliche als weibliche Eingeborene zu finden. Man ist der Meinung, dass sie die Kinder weiblichen Geschlechts bei der Geburt töten und essen. Wer eine Frau sucht, trägt eine weisse Kakadufeder im Haar, wodurch sein Begehren aus der Ferne zu erkennen ist. Jeder hat ein Loch am Unterteil der Nasenscheidewand, wodurch sie ein sechs Zoll langes dünnes Rohr stecken, wenn sie Trauer haben.

So träge und faul sie auch sind, hat jeder Stamm doch seinen Kirchhof, wohin sie ihre Toten oft Meilen Weges hinschleppen. Sie machen ein ordentliches Grab, das sie sogar mit Känguruhfellen auspolstern und über der Erde mit Baumrinden verzieren. Die dortigen deutschen Missionare haben mir gesagt, dass sie bei einem solchen Leichenzug zugegen gewesen sind. Der Tote ist auf sechs Stöcke gelegt und mit einem Känguruhfell bedeckt worden, an jedem Ende der Stöcke hat ein Mann getragen. Alle vierzig bis fünfzig Schritt haben sie haltgemacht; ein besonders dazu Abgeordneter ist jedesmal zu der Leiche hingetreten, hat das Fell aufgehoben und genau untersucht, ob nicht wieder Leben in den Toten zurückgekehrt sei.

Ihre Faulheit geht so weit, dass sie sich nicht einmal eine Art Hütte bauen, um sich gegen Sturm und Regen zu schützen. Gegen Sonnenuntergang versammeln sich gewöhnlich sechzehn bis zwanzig Stück beieinander, reissen sich einige Zweige von den Bäumen und legen selbige in einen Kreis rings um die Gesellschaft. Dann machen sie in der Mitte ein Feuer an, woherum sie sich schlafen legen. Am folgenden Morgen zieht jeder wieder seinen verschiedenen Weg.

Bei ihrem tierischen Wesen zeigen sie doch Neigung zu Eitelkeit; wer eines Kleidungsstükkes von einem Europäer habhaft wird, sieht seine Kollegen mit stolzen Blicken an; da aber keiner zu einem kompletten Anzug gelangt und sie das verwenden was sie haben, zeigen sie sich oft in einem lächerlichen Aufzug. Das Komischste, was ich davon gesehen habe, war ein ganz Nackter, der einen blauen Kleiderrock mit blanken Knöpfen trug. Wie dieser Rock den nackten Körper kleidete, war zum Verwundern. Sie lieben sehr, was bunt und glänzend ist, so wie bunte Glasbrocken oder blankes Metall. Können sie dieser Art etwas bekommen, binden sie es an einen Faden und hängen es sich um den Hals. Als Captain Blenkinsop voriges Jahr mit einem Boot an der Mündung des Murray verunglückte, trieb sein Sextant an Land. Die Wilden fanden ihn und schlugen das kostbare Instrument gleich in kleine Stücke, so dass jeder der Beteiligten ein Stück davon zur Zierde um den Hals trug.

Bei ihrer Wildheit hat jeder doch seinen eigenen Namen. Sie scheinen aber die europäischen Namen ihren ursprünglichen vorzuziehen und benennen sich jetzt alle nach englischer Art, wie

z. B. Jack, Tom, Jim, Pat etc. Auch wissen sie ungefähr ihr Alter, jedoch nur nach Monaten. Jeder trägt einen Stock, in den er bei jedem neuen Mond mit einem scharfen Stein eine Kerbe einschneidet. So viele Schnitte nun in dem Stock sind, so viele Monate ist er alt. Ob aber so viel Vernunft diese Menschen belebt, dass die Eltern dieses Zeichen für ihre Kinder machen, ehe diese so weit sind, dass sie es selber tun können, bezweifle ich sehr. Es ist sehr wahrscheinlich, dass diese eingekerbte Zahl ihr Alter erst vom vierten oder fünften Jahre an zählt, vielleicht aber schon früher, denn schon bald sind ihre Kinder so weit, dass sie sich selber überlassen werden. Ich habe mich nicht genug verwundern können über die kleinen schwarzen Geschöpfe, die dem Wachstum nach kaum ein Jahr alt sein konnten und schon zwischen den Alten umherliefen und nach Kindergebrauch ihr Spiel trieben. Die körperlichen Kräfte sind es gewiss nicht, die ihnen in dieser Hinsicht einen Vorzug vor den Europäern, ja selbst vor den gewöhnlichen Negern geben. Ich schreibe es der abgehärteten Natur zu, da ihr Körperbau doch, wie bereits gesagt, nur schwächlich ist. Mir hat ein glaubwürdiger Mann gesagt, dass er des Morgens um zehn Uhr fünf englische Meilen von der Stadt entfernt eine Frau in Geburtsumständen unter einem Baum liegend gefunden habe, und nachmittags um drei Uhr hat er dieselbe Frau bereits mit ihrem Kind auf dem Rücken in der Stadt gesehen.

Das weibliche Geschlecht schien mir in ihrer Art Wissenschaft, worin sie sich haben bilden können, den Männern voraus zu sein, die auch weiter gar nichts verstehen, als ihren Spiess zu führen. Ich habe dort eine Jacke gesehen, die aus lauter kleinen Opossumfellen zusammengenäht war, die von einer wilden Frau angefertigt und so schön genäht war, dass wenige Europäerinnen es besser machen würden. Betrachtet man dazu noch das Gerät, womit dieses Geschäft betrieben worden war, verdient es noch mehr Bewunderung. Aus den Gedärmen des Känguruhs war der Zwirn hergestellt worden. Ein kleiner Knochen, an dem einen Ende angespitzt, diente als Nadel: ein Loch oder Auge in das stumpfe Ende zu machen, muss ihnen nicht eingefallen sein, weil erst mit der Nadel nur das Loch gebohrt wurde und dann der Faden für sich nachher durchgezogen ward.

Jeder Wilde, er sei männlich oder weiblich, trägt ein kunstvoll aus Känguruhdärmen bereitetes Netz über der Schulter, in dem die erbeuteten Lebensmittel aufgehoben werden. Ferner tragen die Männer ihre Kriegsgeräte über dem Netz befestigt stets bei sich. Diese bestehen aus einem Spiess, das ist ein langer Stock, dessen eines Ende einem Pfeil ähnelt. Seit der Ansiedlung der Europäer verwenden sie Glasbrocken (früher Feuersteinbrocken) an der Spitze und Zacken an beiden Seiten, die in Gummi eingesetzt sind. Zu dem Speer gehört noch ein kleiner, etwa drei Fuss langer Stock, an dessen einem Ende auf der Seite ein Känguruhzahn befestigt ist, der als Widerhaken hervorsteht. Den Zahn setzen sie an dem oberen Ende des Speers an und wissen sehr geschickt, auf sechzig Ellen Distanz, damit zu schiessen. Ferner führen sie einen kleinen Knüppel von sehr hartem Holz bei sich, etwa zwei Fuss lang, mit einem Knopf an dem einen Ende, den sie in ihrer Sprache «wirra» nennen. Wenn der Speer im Kriege weggeschossen worden ist, dient dieser als Waffe. Einen vierten Stock, an dem einen Ende abgeglättet, benutzen sie als Spaten, um Wurzeln aus der Erde zu graben; er dient zugleich als Kalender hinsichtlich ihres Alters, wie früher erwähnt.

Ich habe selber gesehen, wie sie ihre Kinder im Gebrauch der Waffen einübten oder unterrichteten. Sie hatten eine runde hölzerne Scheibe aufgestellt, wie ein hölzerner Teller gross, worauf sie zielten. Die Kinder waren jedes mit seinem Speer in einer Reihe aufgestellt, einer der Alten entfernte sich etwa zwanzig Schritte von ihnen und rollte die Scheibe quer vor den Kindern vorüber. Zu verschiedenen Malen sah ich, dass sie die Scheibe in schnellstem Laufe trafen.

In Begleitung eines der Missionare war ich einmal dabei, als sich eine ganze Menge dieser Wilden versammelt hatte. Es stand ein Speer an einem Baum in der Sonne aufgestellt, den ich in die Hand nahm, um ihn zu besehen. Mit einem furchtbaren Schrei sprang einer der Anwesenden auf mich zu, riss mir den Speer aus der Hand und starrte mich mit bösartigen Blicken an. Mein Begleiter trat dazwischen und bedeutete dem Wilden, dass ich mir bloss das Gerät besehen wolle, worauf er sich auch gleich wieder besänftigte. Er zeigte auf seinen Speer, der noch neu und zum Trocknen des Gummis an den Baum gestellt worden war. Ich zeigte auf den Speer und dann auf meinen Arm, um ihm zu verstehen zu geben, dass er damit schaden könnte. Hierüber musste er mit seinen Kameraden von Herzen lachen, schüttelte mit dem Kopf und trat vor mich hin, zeigte erst auf seinen Speer und dann auf sein Herz und nickte mir zu, als wollte er mir zu erkennen geben, dass es da besser getroffen sei.

Die Menschen scheinen sehr gutmütig zu sein, wenigstens diejenigen, die in der Gegend des Onkaparinga-Flusses hausen. Man ist der Meinung, dass sie jenseits des Murray weniger gutartig sind. Wenn sie nicht dazu gereizt werden, tun sie keinem Menschen etwas zuleide. Die paar Mordfälle, die seit der Ansiedlung der Engländer von seiten der Wilden ausgeübt wurden, sind eher der Dummheit oder dem Unsinn als der Bösartigkeit zuzuschreiben. Die Mordgeschichte von Captain Barker, die vor zwei Jahren stattgefunden hat, war allerdings eine frevelhafte Tat, jedoch hat sicher nicht Mordbegier zu dieser Tat geführt. Captain Barker war an der Südseite des Murray und wollte Granite Island in der Encounter Bay der Ansicht nach abzeichnen; wegen vortretender Hügel von der australischen Seite konnte er seinen Zweck auf dieser Seite des Murray nicht erreichen. Deshalb entschloss er sich, quer über den Fluss zu schwimmen und seine Beobachtung auf der entgegengesetzten Seite anzustellen. Er liess seine Begleiter, die nicht im Schwimmen geübt waren, zurück, band seinen Kompass auf dem Kopf fest, erreichte das jenseitige Ufer und vollendete sein Geschäft wie er es vorhatte. Als er aber wieder zurückgehen wollte, sammelte sich eine Menge Wilder um ihn, die mit Verwunderung seinen Kompass besahen. Nachdem Barker diesen nun wieder auf den Kopf band und in den Fluss hineinging, kamen die Wilden wohl auf die Idee, sich das glänzende Ding zu erbeuten und töteten Barker mit dem Speer. Hätte er den Kompass gutwillig an die Wilden hergegeben, würden sie ihn nicht ermordet haben.

Der vormalige König der Wilden am Onkaparinga, gewöhnlich King Jan genannt, ist von dem jetzigen Gouverneur Gawler als Polizeibedienter für die Wilden angestellt worden und leistet hier Adelaide ausgezeichnete Dienste. Haben die Wilden gestohlen oder sonstigen Unfug getrieben und der Gouverneur gibt King Jan nur einen Wink, sucht dieser den Täter auf und kommt nicht eher in die Stadt zurück, bis er den Verbrecher mit sich bringt.

Dass die Menschen sich früher nur von Känguruhs ernährt haben, lässt sich fast nicht denken, so reich ist das Land niemals an diesen Tieren gewesen. Freilich, wo der Weisse hinkommt, zieht das Känguruh weg. Allein, es müssten doch auf den Landreisen zwischen

Adelaide und Sidney, die mehrere Europäer schon gemacht haben, mehrere dieser Tiere angetroffen worden sein, wenn sie so häufig gewesen wären. Möglich ist es, dass die Känguruhs ganz ins Innere des Landes gezogen sind, das man bis jetzt noch nicht kennt. Dass sie viele von diesen Tieren erbeutet haben, beweisen die vielen Felle, die sie noch haben. Jetzt gibt es in der ganzen umliegenden Gegend äusserst wenige; es ist daher glaubwürdiger, dass sie sich mehr von Fischen ernährt haben, woran die Flüsse sehr reich sind. Auch findet man, dass die verschiedenen Stämme sich immer an einem Fluss aufhalten, und viele Muschelschalen hat man an den Ufern des Murray gefunden, ohne jedoch wirkliche Muscheln gesehen zu haben; es ist daher zu vermuten, dass die Wilden die Muscheln durch Untertauchen vom Boden des Flusses herausholen.

Auch fischen sie auf ihr eigene Art. Sie machen sich einen Damm in den Fluss hinaus, so hoch, dass etwa ein Fuss Wasser darüber hinwegströmt. Die Fische müssen sich in ihrem Lauf des Damms wegen der Oberfläche des Wassers nähern, wo die Wilden dann bereitstehen, sie zu speeren.

Ihre Jagden auf die Känguruhs sind ebenfalls von einfacher Art. Wenn sie bemerken, wo eins dieser Tiere liegt, vereinigen sich zehn oder zwölf Mann, stellen sich in einem Kreis rings um das Wild auf und nähern sich in dieser Ordnung nach und nach der Beute, bis sie dem Känguruh so nahe sind, dass sie es mit ihren

Speeren treffen können. Desgleichen, wenn die Wilden Opossums fangen, die sich immer in hohlen Bäumen aufhalten, sind sie gewöhnlich zu zweit. Einer steigt oben auf den Baum und stellt sich bei dem Loch auf, wo das Wild seinen Eingang hat, der zweite zündet dann Feuer unten am Baum an, und der Rauch treibt das Tier aus seinem Loch, wo sie es dann erhaschen.

Noch eine schändliche eigentümliche Jagd halten sie im Sommer ab, wenn das Gras in den Gebirgen reif ist. Hierbei ist aber ein ganzer Stamm beschäftigt. Sie umschliessen einen Kreis von etwa zwanzig englischen Meilen im Durchmesser, zünden rings um diese Fläche Feuer an, welches sie immer näher dem Mittelpunkt dieses Kreises zuleiten. Das lange, getrocknete Gras, Gesträuch und junge Bäume brennen fürchterlich; alles Wild, was in diesem Bezirk haust, flüchtet sich immer mehr dem Mittelpunkt zu, wo die Wilden es dann erbeuten. Eine solche Jagd fand während unseres Aufenthaltes statt, und es brannte einige Tage; nie habe ich früher ein solches Feuer gesehen. Es ist wünschenswert, dass dieser Übelstand abgeschafft werden möchte. Mit jedem eintretenden Neumond freilich zünden sie auch bedeutende Feuer in den Gebirgen an, woraus man schliesst, dass sie den Mond verehren und anbeten; allein dieses kann im Vergleich mit dem ersteren kaum in Erwähnung gebracht werden.

Gewiss wird hier mancher auf den Gedanken kommen, wie die Wilden Feuer anmachen können. Dies geschieht aber auf eine leichte und einfache Art. Es wachsen da in dem langen Gras viele dünne Stöcke, etwa zwei bis drei Fuss lang, die die Engländer Grasholz nennen. Einen solchen Stock brechen sie in der Mitte durch, setzen das angespitzte Ende an das abgebrochene stumpfe Ende, das sie dann mit einer solchen Fertigkeit zwischen den Händen zu drehen wissen, dass höchstens in einer Zeit von zwei Minuten der Stock lichterloh brennt.

Verschiedenes bleibt mir noch übrig, über die Verhältnisse dieser Wilden zu sagen, das ich aber, um Weitläufigkeit zu vermeiden, übergehen werde. Ich schliesse daher mit der Bemerkung, dass nach meiner Ansicht die gegenwärtige Generation dieser Menschenrasse sich gewiss nie zu nützlichen Geschöpfen in der Welt bilden lassen wird.

Abschied von den guten Menschen

Hiermit werde ich mich nun zum Schluss dieser meiner südaustralischen Reisebeschreibung neigen, die sich wohl als der merkwürdigste Gegenstand in meiner Laufbahn darstellen wird. Indessen möchte ich doch des letzten Tages, des 12. Februar 1839, noch gedenken, als ich von den guten Menschen Abschied nahm. Es lässt sich fast keine traurigere Szene denken, als es diese war: wohin ich meine Blicke lenkte, flossen Tränen. Pastor Kavel und mein Korrespondent, Herr Flaxman, waren ebenfalls gegenwär-

tig und begleiteten mich bis ans Ufer. Die Männer von meinen Auswanderern folgten in einem
langen Zug hinter uns her. — Fast müsste ich
mich meiner Feigheit schämen, so wie ich sie in
diesem Buch anmerkte, — allein, ich fühlte
mich in diesem Augenblick so gerührt, dass ich
fast nicht imstande war, auf eine anständige
Weise von den guten Menschen Abschied zu
nehmen.

1839, den 14. Februar, segelte ich von Adelaide
beziehungsweise aus dem Golf von St. Vincent
wieder in See nach Batavia.

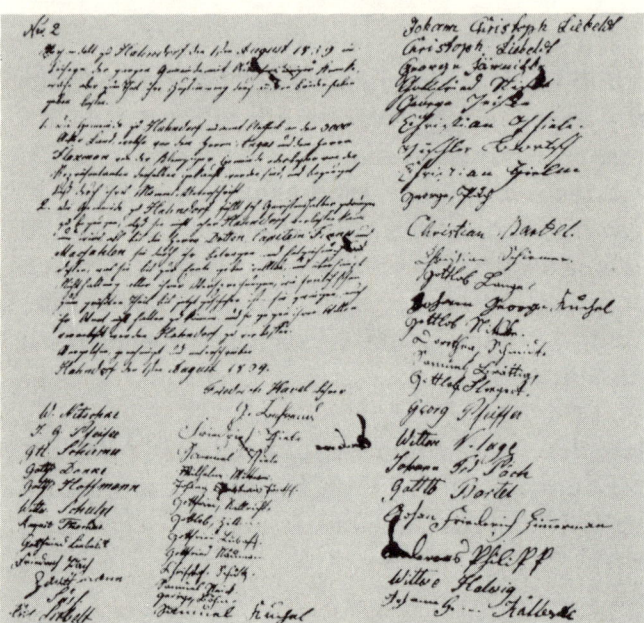

Das Dokument bezieht sich auf einen Landkauf im Barossa-Tal, ist datiert: Hahndorf, 1. August 1839, und enthält Unterschriften von Familienoberhäuptern. Die Reihenfolge der Namen scheint der Reihenfolge der ursprünglichen Hausnummern in Hahndorf zu entsprechen.

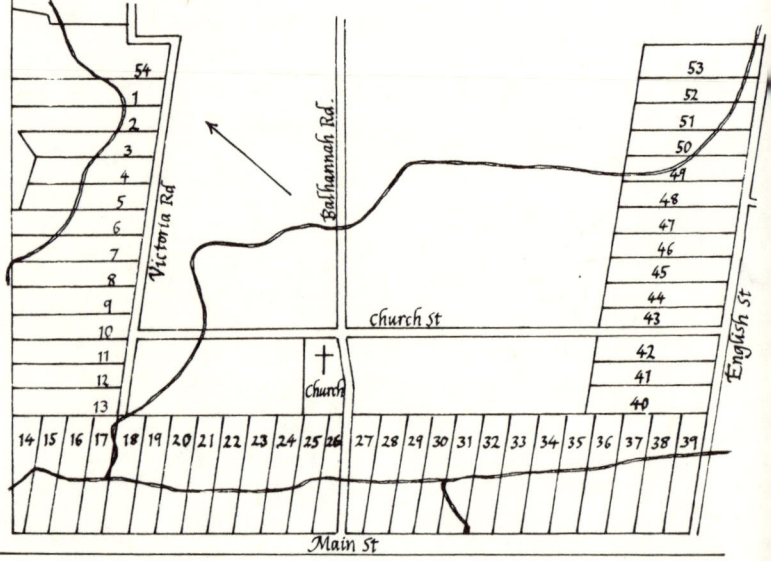

Hahndorf und seine Siedler gestern und heute

Die auswandernden Lutheraner

Als ich an einem dieser schönen Abende über den Stadtdeich ging, vernahm ich aus dem Oberhafen, eben ausserhalb des Baums, einen wohlklingenden geistlichen Gesang von vielen Männer- und Frauenstimmen. Da schon seit vielen Jahren aus unseren Häfen solche Töne nicht mehr erklingen,

Hafen von Hamburg

ward ich neugierig und liess mich hinrudern. Ich fand vier grosse Oderkähne, die von Männern, Frauen und Kindern wimmelten. Ich erfuhr Folgendes: Diese Leute, an hundert Köpfe stark, wären aus Klemzig bei Züllichau und aus einigen umliegenden Dörfern, sie wären Lutheraner, und wollten ihres Glaubens wegen nach Süd-Australien, einer neuen englischen Colonie, auswandern. Wie, dachte ich, Lutheraner, die aus Preussen, aus dem protestantischen, aufgeklärten Preussen ihres Glaubens wegen auswandern müssen? Das muss einen besonderen Zusammenhang haben. Gewiss sind es Mucker, von denen man so viel hört, oder sonstige Mystiker und Fanatiker. Ich besah daher ihre Schiffe und liess mich mit ihnen ins Gespräch ein. Die grösste Reinlichkeit und Ordnung herrschte auf den Fahrzeugen, obgleich sie fast überfüllt waren, und dem entsprach die Freundlichkeit und Heiterkeit der Gesichter. Von einigen Männern, die mir als Vorsteher bezeichnet wurden, erfuhr ich Folgendes: Sie hätten sich anfangs, weil sie die Sache nicht verstanden, bereden lassen, der Union mit den Reformirten beizutreten, nachher aber sich überzeugt, dass deren Lehre vom Abendmahl der Schrift nicht gemäss sey. Deshalb habe es sie gereuet und ihr Prediger habe nun auch die neue Agende nicht annehmen wollen. Er sey endlich abgesetzt worden, und befinde sich schon seit zwei Jahren in London, wo er einstweilen im Hafen auf deutschen Schiffen Gottesdienst halte, aber er werde nun mit ihnen nach Süd-Australien gehen und dort wieder ihr Seelsorger werden. Die 73-jährige Mutter desselben sey bei ihnen und wandre mit aus. Sie hätten nun freilich, weil sie einen unirten Prediger nicht anerkennen könnten, angefangen, ihre Kinder selbst zu taufen und das Abendmahl mit einander zu feiern, aber sie wären in keinem Stück von der Lehre der lutherischen Kirche abgewichen. Da seyen denn die Behörden eingeschritten, und hätten ihnen das bei Strafe verboten, und als sie nicht gehorcht, die angedrohten Strafen auch vollzogen. Eine Frau erzählte, sie habe viermal deshalb im Gefängniss gesessen. Endlich hätten sie die Erlaubnis erhalten, auszuwandern und nun voriges Jahr Alles zu Gelde gemacht, und schon Fahrzeuge gemiethet, um hieher zu kommen. Da sey die Erlaubnis wieder zurückgenommen worden. So hätten sie viel Ungemach ausgestanden, aber sie hofften nun am Ziele zu seyn.

Verloren in Betrachtungen über die seltsamen Contraste unserer Zeit, wie dasselbe Land, das auswandernde Protestanten aus Tyrol aufnimmt, seine doch auch protestantischen Söhne ausstösst und, obwohl der wahrhaft fromme und gottesfürchtige König von Preussen den eigentlichen Zusammenhang dieser Sache kenne, forschte ich nach, wie sich denn die Leute auf ihren Schiffen betrügen, da sie schon einige Wochen hier liegen. Musterhaft, hörte ich von allen

Seiten. Keinen Streit, keine Flüche hört man auf diesen Kähnen. Morgens und Abends halten sie ihre Andacht, mit Gesang und Verlesung eines Gebetes. Es sammeln sich immer Bote um sie herum, mit Leuten, die ihnen zuhören. Anfangs wollte Dieser oder Jener seinen Spott darüber haben, doch hat das keinen Bestand gehabt; die Neugierde hat der Theilnahme und dem Wohlwollen Platz gemacht. Ich fuhr an's Land, den armen Klemzigern von Herzen glückliche Reise und eine neue Heimath wünschend, wo sie Gott nach ihrer Weise ungestört verehren können!

Crescens.

(aus: «Privilegirte wöchentliche gemeinnützige Nachrichten von und für Hamburg», Nr. 159, Freitag den 6. Juli 1838.)

Port Adelaide, Wasserfarben, S. T. Gill, 1848 (Ausschnitt)

Die Gründung von Hahndorf

Der folgende Bericht stammt von Johann Christian Jaensch, dem Sohn von Christian Jaensch aus Kay, erschienen im Adelaide Observer am 7. April 1917, S. 35.

Ich bin am 24. Dezember 1838 in Süd-Australien angekommen, im Alter von elf Jahren.

Als wir unsere Reise ins Landesinnere antraten, schulterten einige der Neuankömmlinge ihre Habe, andere zogen sie in kleinen selbstgebastelten Handkarren hinter sich her, und ein paar Bemittelte mieteten Ochsenwagen. Die ärmeren Einwanderer rückten nur kurze Strecken aufs Mal vor, luden ihr Gepäck aus und kehrten mit ihren Handkarren zurück, um eine frische Ladung zu holen. Der Weg von 30 Kilometern durch die Berge und der Transport all unserer Habe beanspruchte viele Monate. Als wir unser Ziel erreichten, staunten wir über die üppige Vegetation. Das Känguruhgras stand anderthalb Meter bis mannshoch. Känguruhs und Opossums (die wir Wildkatzen nannten) gab es reichlich. Für Gemüse waren viele Siedler auf wildwachsende Kräuter angewiesen, die etwas bitter und scharf schmeckten, aber der Gesundheit nicht abträglich waren. Die Eingeborenen machten keine Schwierigkeiten, wenn auch einer der Ankömmlinge, der ihnen das Essen, das sie verlangten, verweigerte, nur knapp der Gefahr entging, mit Speeren durchbohrt zu werden.

Für die junge Generation eröffneten die Einwanderer eine Schule in einer Hütte, die zuvor Mr. Bulls Leute innehatten. Das Land, das wir kauften, hatte Messrs Dutton, Finniss und MacFarlane gehört und kostete uns 8 Pfund die halbe Hektare ... Saatweizen kostete 1 Pfund der Scheffel und Zugochsen 40 Pfund das Paar.

Die ersten Bauten wurden aus Pfählen errichtet, die man wie ein Hausdach gegeneinander neigte und mit Känguruhgras deckte. Als Junge arbeitete ich für fünf Schilling die Woche. Mit Gemüse und andern Erzeugnissen gingen die Frauen und Mädchen in der Stadt hausieren und brachten auf dem Rücken Kolonialwaren nach Hause.

Die ersten Bauten wurden aus Pfählen errichtet, die man wie ein
Hausdach gegeneinander neigte und mit Känguruhgras deckte.
Die ersten Häuser erbauten die Siedler in gleicher Weise wie
daheim in Preussen: holzgezimmert. Die schweren, stützenden
Rahmen bestanden aus «red gum» (ein australischer Eukalyptus-
baum), anstelle des Eichenholzes, das sie zu Hause benutzt hatten.
Die Mauern, verputzt und weiss gestrichen, bestanden aus Flecht-
werk und lehmiger Erde. Für die Dächer, anfangs aus Stroh,
benutzten sie später Holzschindeln oder galvanisierte Eisenbleche.
Zwei oder drei Räume waren üblich. Der Backofen befand sich oft
im Keller und der Zwischenraum unterhalb des steilen Daches
wurde als Dachboden benutzt.

Das Haus Diedrichs in der Nähe von Hahndorf, 1890

Hahndorf, Detmold-Haus, heute

Die Deutschen

... Deutsche Familien siedeln jetzt in mindestens drei Dörfern, abgesehen von einer Anzahl Einzelner beiderlei Geschlechts, die unter den Kolonisten als Bedienstete arbeiten. Über ihre Lebensführung gibt es nur ein Urteil — und zwar das denkbar beste. Einstimmig werden sie als gewissenhaft und fleissig beschrieben, als pünktlich, ruhig und anstellig für mancherlei Arbeiten. Die Frauen sind zu fast allen häuslichen und ländlichen Tätigkeiten geschickt; und die Männer (was immer auch ihr eigentlicher Beruf sein mag) sind brauchbare Arbeitskräfte beim Graben und Einzäunen, und viele von ihnen zeichnen sich aus beim Bauen, Sägen und Zimmern. Für solche Arbeiten werden sie oft unsern eigenen Landsleuten vorgezogen, die in vielen Fällen gut daran täten, deren Geduld und Ausdauer nachzuahmen. Besonders im Mount Barker-Distrikt haben sie sich als unschätzbar erwiesen; denn ohne sie wären die Siedler darauf angewiesen, für teures Geld Arbeiter aus der Stadt zu holen oder Bergler einzustellen, die wegen ihres masslosen und liederlichen Benehmens für jedes geordnete Gemeinwesen unerträglich sind.

Die Deutschen von Hahndorf sind von den Siedlern gruppenweise aufgeboten worden als Hilfsmannschaft bei der Erstellung von Viehhöfen, Einzäunungen, Häusern und beim Erschliessen neuen Bodens. Sie stehen früh auf und arbeiten bis spät — sie sind mässig und bescheiden in ihren Ansprüchen an Nahrung und Unterkunft — sind fröhlich und angenehm im Umgang mit ihren Mitarbeitern — und sogar in den Ruhepausen erklären sie sich bereit zu backen oder zu andern nützlichen Verrichtungen rund um die Station. Aber ihre hervorstechendste Eigenart ist ihre Frömmigkeit. Bei jeder Handlung bezeugen sie ihren Gott — wenn sie aufstehen, bei den Mahlzeiten und wenn sie sich schlafenlegen. Am Ende der Woche kehren sie gern in ihr eigenes Dorf zurück zu ihrer Gemeinde, um Gottesdienst zu feiern und «Zions Lob im fremden Land» zu singen.

(South Australian Gazette and Colonial Register, 8. Juni 1839)

Wohngebäude im Bezirk Hahndorf-Echunga, 1890

Der deutsche Konsul (vorne rechts) besucht die Siedler von Hahndorf (aufgenommen 1907 oder 1912)

Pastor Kavel's Ansprache

Anlässlich des Huldigungseides, den die preussischen Einwanderer in Süd-Australien am 28. Mai 1839 der englischen Königin Victoria leisteten, hielt Pastor A. Kavel eine Ansprache, die im Wortlaut in der «Colonial Gazette» veröffentlicht wurde und den deutschen Lutheranern ein äusserst günstiges Echo verschaffte.

Eine wohleingerichtete Kolonie kann unter Gottes Schutz nur gedeihen, wenn ihre Einwohner auf die Absichten eingehen, die diejenigen beseelte, welche sie gründeten. Jeder Ankömmling sollte sich infolgedessen diese Grundsätze, auf welche die Kolonie gegründet ist, vor Augen halten und sich zu ihnen bekennen, sobald ihm Gelegenheit dazu geboten wird. Diese Gelegenheit bot sich uns in der letzten Woche, als wir die Ehre hatten, I. M. der Königin Viktoria den Huldigungseid zu leisten. Da wir durch unseren vormaligen Herrscher, den König von Preussen, den wir immer, den Lehren der Bibel gehorsam, als von Gott eingesetzt geehrt haben, und dessen natürliche Gesinnung gegen uns in manchen Rücksichten wir nimmermehr vergessen, gezwungen wurden, unser Vaterland zu verlassen um der kirchlichen Dinge willen, denen wir nicht zustimmen konnten, ohne unser Gewissen zu verletzen, entschlossen wir uns zuerst, nach Amerika zu gehen. Aber die Vorsehung hat unsere Schritte nach einer Provinz des Reiches gelenkt, das viele andere durch seine religiösen Vorrechte und die grosse Zahl wahrer und mitfühlender Christen übertrifft. Viele nahmen sich unserer Sache an, aber keiner mehr als G. F. Angas, der Präsident der südaustralischen Gesellschaft, der schon zwei Jahre zuvor unseren Landsmann Menge voraussandte, um ein Plätzchen ausfindig zu machen, wo wir uns zur Siedelung und Bewirtschaftung des Bodens niederlassen könnten. Und Angas war es auch, der den Sieg über zwei Jahre Hindernisse errang. Möge der Herr ihn und sein Haus immerdar segnen! Weil er uns wie Brüder liebte und im Vertrauen auf Gott viele Opfer brachte, kamen wir in dieser Kolonie an, geleitet von C. Flaxman, der seine Verwandten

Hahndorf, St. Michael's Evangelical Lutheran church, eingeweiht
1859

Hahndorf, Dorfbild mit St. Paul's Lutheran church (1892), heute

und Freunde in England zurückliess. Bei unserer Ankunft segneten wir diese gastfreundliche Küste als einen Zufluchtsort, um Gott zu verehren, ohne unser Gewissen zu verletzen, und haben die Hoffnung, hier zu leben und zu sterben. Wir segnen die Herrscherin dieses Landes und betrachten sie und ihre Regierung als von Gott eingesetzt und wünschen von ganzem Herzen getreue Untertanen und nützliche Bürger zu sein. Wenn wir der Obrigkeit nicht gehorchen, würden wir es als eine Abweichung vom lutherischen Bekenntnis halten. Deshalb beglückwünschen wir uns, die Erlaubnis S. E. des Herrn Statthalters zu haben, den Huldigungseid zu leisten. Wir glauben, es wird unseren Freunden hier und in der Ferne Freude bereiten, zu erfahren, dass wir in Südaustralien glücklich sind, obwohl wir mit viel Schwierigkeiten zu kämpfen haben. Es macht uns Vergnügen, hinzuzufügen, dass viele Einwohner dieser Provinz viel Mitgefühl gezeigt haben und halten es für unsere Pflicht, ihre Namen zu nennen: Dutton, Finnis, Mc. Farlaine, Giles, Todd, Daves, Russell, Cutton, Newenham, Walker, Hack, Wyatt, Howard, Rev. Stow, Rev. Longbottom und viele andere. Ausserdem haben die Öffentlichkeit und die Verfasser der verschiedenen Zeitungsartikel uns so viel Güte gezeigt damit, dass sie solche Erwartungen uns gegenüber hegten, dass wir höchst unglücklich wären, wenn wir sie nicht erfüllten.

A. Kavel

(aus: W. Iwan, Die Altlutherische Auswanderung um die Mitte des 19. Jahrhunderts. Bd. 1, S. 114—115.)

Hahndorf, Hauptstrasse mit Hahndorf Academy, 1913

Hahndorf, Hauptstrasse heute

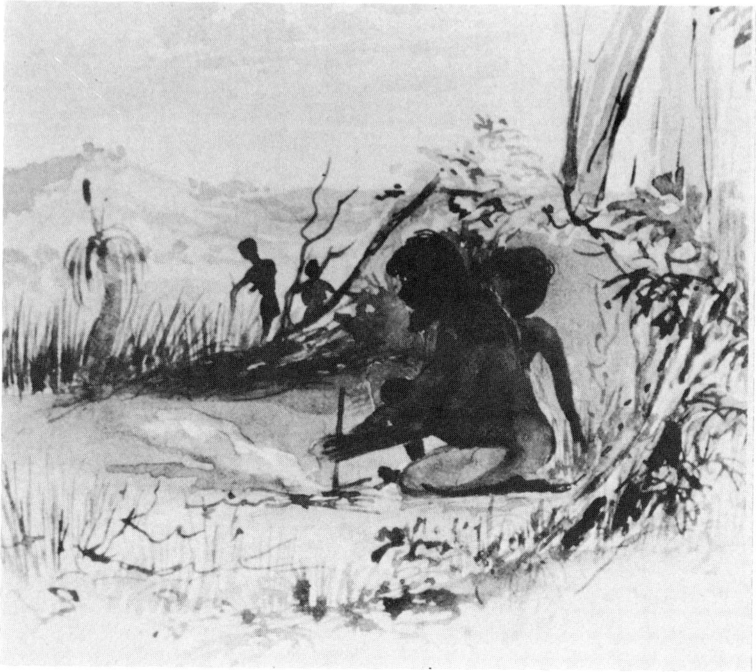

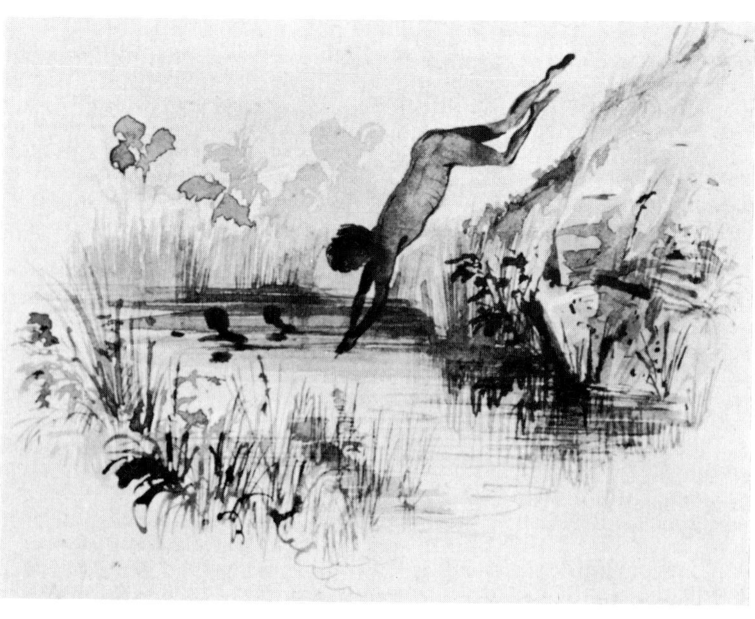

Die Ureinwohner

Seite 174 oben: Eingeborener entzündet Feuer mit dem Schaft von Grasholz (grass tree), Wasserfarben, S. T. Gill, 1842.
unten: Eingeborener taucht in einen Teich, Wasserfarben, S. T. Gill 1842.

Seite 175 links: Der Bürgermeister von Hahndorf heute, bayrisch oder preussisch?
rechts: Der alte König Tamara, der letzte vom Sidney Stamm, gekleidet in europäischen, second-hand Anzug. Wasserfarben, George French Angas, datiert 15. August 1845.

Kapitän Dirk Meinerts Hahn

Aus dem Leben von
Dirk Meinerts Hahn
(Biographie)

Dirk Meinerts Hahn wurde am 28. Januar 1804 in Westerland auf Sylt geboren. Er war der Sohn des Schiffskapitäns Erk Erken Hahn und musste nach dem Willen seines Vaters ebenfalls den Seemannsberuf ergreifen, obwohl er anfänglich wohl lieber Theologie studiert hätte. Wie üblich wurde er daher nach seiner Konfirmation im Alter von 16 Jahren auf See geschickt und machte unter dem Kapitän Peter Broder Decker seine ersten zwei Reisen nach Spanien.

Im Herbst 1822, also als Achtzehnjähriger, bestand er bereits sein Steuermannsexamen und fuhr danach als Matrose mit dem Hamburger Kapitän Jan Schmitt zum erstenmal über den Atlantik nach Philadelphia. Von dieser Reise zurückgekehrt, kam er auf ein Schiff unter dem Westerländer Kapitän Lorenz Johann Felix, mit dem ihn lange Jahre gemeinsamer Seefahrt verbinden sollten. In den Jahren 1824 bis 1826 machte Dirk Meinerts Hahn zunächst als Matrose, später als Steuermannsgehilfe mit diesem Kapitän mehrere grössere und kleinere Reisen, die ihn nach Spanien, Portugal, Italien und Sizilien führten. Im Frühjahr 1827 nahm er auf dem Schiff des Hamburger Kapitäns Beckenström eine Heuer als Untersteuermann an, fuhr aber auch auf dieser längeren Reise nur zu den schon genannten südeuropäischen Ländern.

In den Jahren 1829 bis 1833 segelte er wieder mit seinem alten Kapitän und väterlichen Freund Lorenz Johann Felix, der ihn jetzt schon als Steuermann anstellte. Wiederum führten die Reisen lediglich zu den Mittelmeerländern, bis im Sommer 1831 eine Fahrt in die Ostsee, nach Pernau an der Rigaer Bucht in Russland, dem jungen Steuermann eine Abwechslung in die schon fast zur Routine gewordenen Reiserouten brachte. Zwischen all diesen Reisen heiratete Dirk Meinerts Hahn am 24. Dezember 1831 Hedewig Nicolaisen aus Westerland, mit der er sich im Jahre 1826 bereits verlobt hatte.

Im August 1833 trat Hahn seine letzte Reise als Steuermann mit Kapitän Felix an, die nun zum erstenmal nach Nordeuropa gehen sollte, nämlich nach Bergen in Norwegen. Das Schiff geriet jedoch in der Nordsee vor der berüchtigten Doggerbank in einen orkanartigen Sturm und wurde von den über das Schiff hereinbrechenden Grundseen schwer angeschlagen. Zwei von Hahns Wachkameraden wurden über Bord gespült und ertranken, er selbst konnte sich nur noch mit Mühe an einer eisernen Stütze festklammern. Die gesamte Schanzbekleidung sowie alles bewegliche Gut wurden von Deck gerissen, selbst der Kompass und die Ruderpinne gingen über Bord. Der Kapitän liess den Grossmast kappen, und hilflos trieb das Schiff vor dem Sturm wieder auf die deutsche Nordseeküste zu. Nach einer Reihe weiterer dramatischer Situationen geriet es schliesslich zwischen den westfriesischen Inseln Schiermonnikoog und Ameland auf Grund und musste aufgegeben werden. Der Kapitän rettete sich mit dem Rest seiner Mannschaft in einem Boot an die holländische Küste, von wo die Schiffbrüchigen dann über Land nach Hamburg zurückreisten.

Hahn blieb nun längere Zeit zuhause auf Sylt, wo seine Frau am 15. Juni 1834 auch ihr erstes Kind gebar, den Sohn Dirk Dirksen Hahn. Wie es der Vater in jenen schweren Sturmnächten gelobt hatte, wurde dieser Sohn nicht wieder Seemann, sondern ging später als Kaufmann nach Südamerika, heiratete dort aber eine Nordamerikanerin und liess sich mit dieser zuerst in Omaha/Nebraska, später in Trinidad nieder. Dirk Meinerts Hahn machte nach der Geburt seines Sohnes im September 1834 das sogenannte ‹hamburgische› Steuermannsexamen. Mit diesem Patent in der Tasche konnte er nun als Obersteuermann auf einem Lübecker Schiff anheuern, das sein Schwager Thies Michael Decker als Kapitän führte. Wieder machte er zwei Reisen ins Mittelmeer, bis er im Frühjahr 1836 bei einem Altonaer Reeder namens Dede vorsprach, der ihn als Ersten Steuermann auf seiner Fregatte «Zebra» unter dem Kapitän Peter Stelting anstellte. Die erste Fahrt mit diesem Kapitän — der als hart, roh und mit mangelhaften Kenntnissen ausgestattet beschrieben wird — führte nach Havanna auf Kuba. Vierzehn Tage nach der Ankunft starb der Kapitän dort an Gelbfieber.

Für den 32jährigen Obersteuermann Hahn schlug jetzt die grosse Stunde. Er wurde von den Behörden mit der Rückführung des Schiffes beauftragt und nach seiner glücklichen Rückkehr im August 1836 von seinem Reeder Dede als

Kapitän auf der «Zebra» angestellt. Damit begann eine Reihe denkwürdiger Reisen für den jungen Kapitän. Gleich die erste führte ihn mit 140 Auswanderern von Cuxhaven nach New York. Im April 1837 folgte gleich noch eine zweite Reise nach New York, diesmal allerdings mit einer Fracht Weizen und Stückgüter.

Im Winter 1837 segelte Hahn mit einer Ladung Mehl, Fleisch, Flinten, Pistolen, Säbeln und sonstigen Eisenwaren nach Bahia, dem heutigen Salvador in Brasilien. Er kam mitten in eine Belagerung dieses Hafens, da sich die Stadt im Aufruhr gegen die Kaiserlich Brasilianische Regierung befand und von deren Kriegsschiffen blockiert wurde. Kapitän Hahn segelte ahnungslos in den Hafen hinein und brachte den Revolutionären dadurch — unfreiwillig aber hochwillkommen — Lebensmittel und Waffen. Als die Stadt schliesslich doch vor der Übermacht der Regierungtruppen kapitulieren musste und in Brand gesteckt wurde, gewährte Kapitän Hahn den in Bahia ansässigen deutschen Kaufleuten Zuflucht und Schutz auf der «Zebra» und brachte sie zusammen mit anderen Flüchtlingen unentgeltlich nach Hamburg zurück.

Im Juni 1838 kam er von dieser abenteuerlichen Reise wieder in Hamburg an und erfuhr, dass seine Frau in der Zwischenzeit eine Tochter bekommen hatte. Nur kurze Zeit später wurde sein Schiff erneut befrachtet, diesmal mit 199 preussischen Altlutheranern, die nach Adelaide in die von den Engländern neu gegründete Kolonie Süd-Australien auswandern wollten. Damit kreuzt sich nun der Lebensweg des damals 34 Jahre alten Kapitäns aus Sylt mit der Geschichte der altlutherischen Auswanderung aus der Provinz Brandenburg, und hier beginnt auch der vorliegende Reisebericht aus den Lebenserinnerungen des Kapitäns Hahn. Am 12. August 1838 verliess er mit der «Zebra» den Altonaer Hafen und erreichte Port Adelaide am 2. Januar 1839. Als er am 12. Februar Segel setzte, um diesen Kontinent wieder zu verlassen, wurde es ein Abschied für immer: er hat den australischen Boden nie wieder betreten. Über Batavia segelte er zurück nach Hamburg, wo er am 11. September 1839, also 13 Monate nach seiner Abreise wieder eintraf.

Über den weiteren Lebenslauf von Hahn sind bis jetzt wenig Einzelheiten bekannt. Nach der Australienreise, die er selbst als den «merkwürdigsten Gegenstand in meiner Laufbahn» bezeichnet hat, fuhr er noch weitere zwölf Jahre zur See. Die «Zebra» führte er als Kapitän noch bis 1840, von 1841 bis 1842 fuhr er auf einem Schoner namens «Apollo» und von 1842 bis 1851 mit der Brigg «Zodiacus». In den Jahren 1840 und 1842 wurden ihm noch zwei weitere Töchter geboren. Als sich Kapitän Hahn im Jahre 1851 nach 31 Jahren Seefahrt auf Sylt zur Ruhe setzte, begann er damit, «die merkwürdigsten Begebenheiten meines Lebens von meiner Geburt bis zum 48. Jahr meines Alters» niederzuschreiben. Nur wenige Jahre des Glücks und der Ruhe waren ihm allerdings noch im Kreise seiner Familie vergönnt. Am 26. Juli 1854 starb seine Frau, die ihm und seinen drei noch nicht erwachsenen Töchtern Stütze und Halt gegeben hatte. Er suchte immer mehr Trost beim Wein, und als um das Jahr 1857 das Seebad Westerland gestiftet wurde und in der Folge viele freundliche und gebildete Badegäste bei dem weitgereisten Kapitän einkehrten, um sich bei einem guten Glas Wein von seinen Fahrten und Erlebnissen erzählen zu lassen, da wurde diese alte Leidenschaft noch ungewollt gefördert.

«Er geriet», wie sein Freund und Zeitgenosse, der Sylter Chronist C. P. Hansen das Ende beschrieben hat, «immer tiefer in dieses Laster hinein, und er fiel, der früher so achtungswürdige und tüchtige Mann, recht eigentlich als ein Opfer dieses Lasters und seiner Gastfreundschaft. Er starb am Säufer-Wahnsinn den 4. August 1860 in einem Alter von 56 Jahren sechs Monaten und sechs Tagen.»

Auf seinem Grabstein auf dem heimatlichen Inselfriedhof, der heute an der Ostseite der alten Dorfkirche in Westerland steht, sind die Worte zu lesen:

> «Staub ist's, was wir sind und werden,
> Und er ward es, ach! zu früh.
> Sein Gedächtnis lebt auf Erden,
> Denn die Guten sterben nie.»

Frank Rainer Huck

Anhang

Nachwort

Die Erinnerungen des Kapitäns Dirk Meinerts Hahn an seine Reise mit preussischen Auswanderern nach Süd-Australien liegen nun, 150 Jahre nach diesem Ereignis, zum erstenmal vollständig im Druck vor. Sie sind in zwei handschriftlichen Quellen überliefert.

Die erste, aus der auch die vorliegende Übertragung erfolgte, besteht aus drei linierten Schreibheften von je 80 Seiten Umfang. Die erste Seite des 1. Heftes trägt den Titel «Die Reise mit / Auswandern von / Altona nach Port Adelaide / Süd-Australien / per Schiff ‹Zebra› / Capt. D. M. Hahn / 1838». Die folgenden Seiten sind jeweils mit 23 Textzeilen beschrieben, und zwar Heft 1: Seite 1–78, Heft 2: Seite 81–164, Heft 3: Seite 167–195. Das Manuskript umfasst also 191 beschriebene Seiten. Der Aufbewahrungsort der originalen Hefte war leider nicht zu ermitteln. Die Übertragung wurde vielmehr nach einer Mikrofilmaufnahme aus dem Staatsarchiv von Süd-Australien vorgenommen. Dieses Manuskript wird im folgenden mit ‹M2› bezeichnet.

Während der Arbeit an der Übertragung, insbesondere aber durch die Heranziehung der bereits vorhandenen Literatur über die sogenannte ‹altlutherische Auswanderung› wurde klar, dass diese Handschrift nur ein Auszug aus wesentlich umfassenderen Aufzeichnungen des Kapitäns Hahn sein konnte. Insbesondere die australischen Veröffentlichungen zur Geschichte der deutschen Einwanderer verwiesen auf eine weitere Quelle, nämlich eine zweibändige Handschrift mit den gesamten Lebenserinnerungen des Kapitäns von seiner Geburt bis zu seinem 48. Lebensjahr. Nachforschungen nach diesem Manuskript führten schliesslich zu einer Kopie, offenbar einer fotografischen Reproduktion eines Mikrofilms, die im Sylter Archiv in Westerland aufbewahrt wird. Auch hier war die Suche nach dem Original bisher leider vergeblich. Die Fotokopie dieses Manuskripts, das im folgenden mit ‹M1› bezeichnet werden wird, ist wegen der schlechten Reproduktion fast unleserlich oder doch in weiten Teilen nur äusserst schwierig zu entziffern. Sie gibt aber immerhin Aufschluss über Art und Umfang dieser Handschrift.

Die Lebenserinnerungen wurden in zwei umfangreichen Heften niedergeschrieben, die von Hand liniert worden sind, wodurch sich eine unterschiedliche Anzahl von 31 bis 33 Textzeilen je Seite ergeben hat. Das 1. Heft trägt den Titel

Die merkwürdigsten Begebenheiten | meines Lebens. |
Von meiner Geburt bis zum 35sten Jahre | meines Alters. |
1ter Band | Dirk Meinerts Hahn

Die Titelseite von Heft 2 lautet
Die merkwürdigsten Begebenheiten | meines Lebens. |
Von meinem 35ten Lebensjahr bis zum 48ten Jahr |
meines Alters. | 2ter Band | Dirk Meinerts Hahn.

Die Seiten des 1. Heftes sind von 1 bis 294, die des 2. Heftes von 1 bis 209 paginiert. Ausserdem tragen sämtliche Seiten des Manuskriptes Überschriften, und zwar in der Weise, dass bei aufgeschlagenem Heft von der linken auf die rechte Seite weiterlaufend die Seitenüberschriften «Erinnerungen aus meinem . . . . .ten Lebensjahre» zu lesen sind, wobei über der rechten Seite die jeweils dem Text entsprechenden Altersangaben erfolgen. Innerhalb dieser 505 Seiten umfassenden Aufzeichnungen (einschliesslich der beiden Titelblätter) erstreckt sich der hier wiedergegebene Abschnitt der Australienreise über die Seiten 245 bis 294 des ersten, und die Seiten 1 bis 46 des zweiten Bandes, umfasst also insgesamt 96 Manuskriptseiten.

Ein Vergleich der beiden Handschriften M1 und M2 bestätigte nun die Vermutung, die sich bereits während der Übertragung von M2 ergab. Es handelt sich nämlich bei den drei Heften von M2 nicht um Kladden oder Tagebücher, die zur genauen Niederschrift von M1 gedient haben, sondern vielmehr um eine Teilabschrift aus M1, die noch dazu sehr viel später und von einer anderen Person angefertigt worden sein muss. Für diese Annahme sprechen verschiedene Indizien. Erstens handelt es sich ganz offensichtlich um zwei unterschiedliche persönliche Handschriften. Zweitens enthält M2 eine Reihe von Textänderungen und Auslassungen, die keinen Sinn ergeben und nur dadurch zu erklären sind, dass der Kopist beim Abschreiben einfach einige Zeilen von M1 übersprungen und dadurch ganze Sätze verstümmelt hat. Drittens weist M2 gegenüber M1 einige Modernisierungen in der Rechtschreibung auf, wovon die Schreibweise ‹ei› statt ‹ey› (z. B. ‹zwei› für ‹zwey›, ‹bei› für ‹bey› u. ähnl.) nur als die augenfälligste angeführt werden soll. Ausserdem erfolgten bei der Abschrift grammatikalische Veränderungen, wenn diese auch nicht immer nach unserem heutigen Verständnis Korrekturen waren. Das folgende Beispiel mag diese Unterschiede in der Textgestalt exemplarisch belegen.

M1: *Es spriesst dorten in das lange Gras viele dünne Stöcke etwa 2 bis 3 Fuss lang, die die Engeländer Gras Holtz nennen; ein solcher Stock brechen sie in der Mitte durch, setzen der abgespitzte Ende an der abgebrochene stumpfe Ende, den sie dann mit eine solche Fertigkeit zwischen die Hände zu drehen wissen, dass höchstens in eine Zeit von zwey Minuten der Stock in vollen Brant geräth.*

M2: *Es wächst da in dem langen Gras viele dünne Stöcke etwa 2 bis 3 Fuss lang die die Engländer Grasholz nennen, einen solchen Stock brechen sie in der Mitte durch, setzen das abgespitzte Ende an das abgebrochene stumpfe Ende, den sie dann mit einer solchen Fertigkeit zwischen die Hände zu drehen wissen, dass höchstens in einer Zeit von zwei Minuten der Stock in vollem Brand steht.*

Nimmt man als viertes Indiz noch die Verwendung eines industriell linierten Papiers bei M2 hinzu, das frühestens um die Wende zum 20. Jahrhundert gebräuchlich wurde, dann kann eigentlich kein Zweifel daran bestehen, dass M2 erst längere Zeit nach dem Tod von Kapitän Hahn angefertigt wurde, möglicherweise sogar erst zu Beginn dieses Jahrhunderts. Überlegungen hinsichtlich des Schreibers und des Zwecks, zu dem diese Abschrift gemacht wurde, müssen vorläufig Spekulation bleiben.

Kurz vor der Drucklegung dieses Buches bekamen wir noch Kenntnis von einer kompletten englischen Übersetzung von M1, die Frederick John Henry Blaess im Auftrag der Staatsbibliothek von Süd-Australien vorgenommen hat und die als Typoskript im Archiv dieser Bibliothek in Adelaide aufbewahrt wird. Auf welcher Quelle allerdings diese Übersetzung von Blaess beruht und ob möglicherweise er selbst im Besitz der originalen Handschrift M1 ist, liess sich noch nicht feststellen. Doch schon jetzt lässt sich sagen, dass dem Übersetzer bei der Entzifferung eine ganze Reihe von Lesefehlern unterlaufen sind, welche bei den bisher vorgenommenen englischen Teilveröffentlichungen zu Ungenauigkeiten im Detail geführt haben, die wir mit der vorliegenden Ausgabe erstmals ausgeräumt zu haben meinen.

Zu den erwähnten Teilveröffentlichungen gehören zunächst einmal die ebenfalls von J. H. F. Blaess in Zusammenarbeit mit L. A. Triebel in der Zeitschrift ‹South Australiana› publizierten «Extracts from the reminiscences of Captain D. M. Hahn . . .» (siehe Literaturhinweise), die dann in der Folge von David Schubert und anderen Erforschern der südaustralischen Einwanderung immer wieder — und zwar stets mit den gleichen Ungenauigkeiten — zitiert worden sind. Ihre Auswahl dieser Auszüge aus den Erinnerungen von Kapitän Hahn erfolgte auch immer nur im Hinblick auf die Geschichte der preussischen Auswanderer: ihre Überfahrt mit der «Zebra» von Altona nach Port Adelaide und ihre Ansiedlung in der damals noch jungen englischen Kolonie Süd-Australien. Ausgespart wurden dagegen regelmässig die Bemerkungen Kapitän Hahns über die seemännischen und navigatorischen Probleme dieser Reise sowie seine kritischen Anmerkungen über den Charakter und die Religiosität der auswandernden Altlutheraner, die gewöhnlich nur nach den von ihm positiv beschriebenen Wesenszügen und Verhaltensweisen dargestellt sind.

Wenn daher dieser Bericht von einer Auswanderung aus der ersten Hälfte des vorigen Jahrhunderts jetzt zum erstenmal vollständig und in deutscher Sprache vorgelegt wird, soll damit das Interesse, über den Reiz einer authentischen Auswanderungsgeschichte hinaus, auf die bislang vernachlässigten, weil unterdrückten Aspekte dieser Reise gelenkt werden. Dazu muss man sich vergegenwärtigen, dass Dirk Meinerts Hahn zu dem Zeitpunkt, als er die Reise mit der «Zebra» nach Australien antrat, erst zwei Jahre als Kapitän zur See fuhr und in seiner seemännischen Laufbahn bislang zwar ausgiebig den Nordatlantischen Ozean entlang der europäischen Küsten sowie das Mittelmeer kennengelernt hatte, den Atlantik aber erst fünfmal in Richtung Amerika überquert und überhaupt erst zweimal, und zwar auf der unmittelbar vorangegangenen Reise nach Bahia, den Äquator durchsegelt hatte. Der Südatlantische Ozean war ihm also weitgehend unbekannt, geschweige denn, dass er schon einmal um das Kap der Guten Hoffnung in den Indischen Ozean gesegelt wäre.

Vor diesem Hintergrund ist es nur allzu verständlich, dass sich Hahn mit seinem Reeder Dede vor Antritt dieser langen, ihn in unbekannte Meere führenden Reise um die Beschaffung eines Chronometers stritt, den er für unbedingt erforderlich hielt und der ihm ganz offenkundig bei seinen vorangegangenen Fahrten auf relativ bekannten Reisewegen noch nicht zur Verfügung gestanden hatte. Nachdem ihm dieses Instrument bewilligt worden war, warf der ungewohnte Umgang damit neuartige Probleme für ihn auf. Es ist daher nicht verwunderlich, dass Hahn in seinen Aufzeichnungen wenig über Segelführung, Verhalten bei Sturm und ähnliche seemännische Selbstverständlichkeiten mitteilt, um so mehr aber über seine Probleme bei der Handhabung des Chronometers. Gerade dieser Umstand aber macht seine Erinnerungen zu einem interessanten Zeugnis für die erst allmählich erfolgende Einführung des Chronometers in die alltägliche Navigation auf Handelsschiffen in der ersten Hälfte des 19. Jahrhunderts.

Zur Erläuterung dieser Schwierigkeiten sei hier wenigstens in einigen Sätzen das Problem der Orts- und vor allem der Längenbestimmung auf See umrissen. Auf Einzelheiten der astronomischen Navigation kann hierbei natürlich nicht näher eingegangen werden. Der interessierte Leser sei auf die Fachliteratur verwiesen; er findet hierzu in den Literaturhinweisen einen ersten Einstieg.

Während man die geographische Breite eines Schiffsortes auf hoher See schon verhältnismässig früh durch Gestirnsbeobachtungen zu bestimmen vermochte, konnte die geographische Länge bis ins 18. Jahrhundert hinein nur sehr ungenau durch Koppeln (d. h. durch Schätzung der gesegelten Distanzen von einer Breitenbestimmung bis zur nächsten) ermittelt werden. Die Bestimmung der genauen geographischen Länge gewann aber für die Seefahrt, insbesondere für die Entdeckungsfahrer des 16. bis 17. Jahrhunderts eine so zentrale, ja oft lebenswichtige Bedeutung, dass schliesslich zu Beginn des 18. Jahrhunderts von der englischen Regierung unter Königin Anna ein ‹Board of Longitude›, eine ‹Kommission der Meeres-Länge› eingesetzt wurde, die im Jahre 1714 einen Preis von 20 000 Pfund Sterling für die Erfindung einer Methode der exakten Längenbestimmung auf See ausschrieb.

Bei der Bestimmung der geographischen Länge eines Ortes handelt es sich im Prinzip nur darum, den Zeitunterschied angeben zu können, der zwischen dem Eintreten eines astronomischen Ereignisses (z. B. der Kulmination der Sonne oder des Mondes) am Beobachtungsort und auf dem Nullmeridian verstrichen ist. Da sich die Erde in 24 Stunden einmal von Westen nach Osten um ihre Achse dreht, verspätet sich jedes Ereignis, gemessen am Nullmeridian, um je 4 Zeitminuten pro Längengrad in westlicher Richtung. Ist diese Verspätung messbar, lässt sie sich demnach ganz einfach in Längengrade umrechnen. Das Problem lag also darin, die Zeit des Nullmeridians möglichst genau und konstant auf eine Schiffsreise mitnehmen zu können, und eben dies war bis zur Erfindung des Chronometers unmöglich.

Die Erfindung des Chronometers gelang erst im Jahre 1735 dem Engländer John Harrison, der nacheinander vier solcher Uhren baute und für das letzte dieser Modelle auch den Preis des ‹Board of Longitude› zuerkannt bekam, wenn auch nur eine Teilsumme davon. Verbesserungen dieser Uhren nahmen der Franzose Pierre Le Roy, sowie die Engländer Larcum Kendall und John Arnold vor, die dafür ebenfalls einen Teil des ausgesetzten Preises erhielten. Die Uhren von Kendall und Arnold wurden erstmals auf der zweiten Weltumsegelung von James Cook (1772–1775) erprobt, waren aber immer noch sehr unhandlich und empfindlich. Es dauerte noch bis zum Beginn des 19. Jahrhunderts, ehe die Chronometerfabrikation so ausgereift war, dass man an eine serienmässige Herstellung denken konnte. Das bedeutete aber noch längst nicht, dass die Längenbestimmung per Chronometer in der Handelsschiffahrt zur Selbstverständlichkeit wurde. Noch lange Zeit bediente man sich hier der umständlichen Methode der Monddistanzen, die auch erst möglich geworden war, nachdem Tobias Mayer 1755 in seinen Mondtafeln den Ort des Mondes für jeden Zeitpunkt berechnet hatte. Diese Methode war Kapitän Hahn durchaus geläufig, und er wendete sie auf der Fahrt nach Australien auch weiterhin an, um seinen Chronometer zu kontrollieren. Seine Aufzeichnungen zu diesem Problem belegen auf eindrucksvolle Weise, dass die Navigation mit Hilfe eines Chronometers auch 60 Jahre nach ihrer erfolgreichen Erprobung noch keineswegs allgemeine Praxis in der Seefahrt war. Es spricht daher für das hohe Verantwortungsbewusstsein von Kapitän Hahn, dass er vor Antritt seiner Reise auf dem damals modernsten navigatorischen Hilfsmittel bestand, um seine menschliche Fracht mit grösstmöglicher Sicherheit nach Australien zu bringen. Dies ist der eine Aspekt, unter dem der vorliegende Reisebericht ein neues Interesse beanspruchen darf.

Ein zweiter Aspekt ist das zu der damaligen Zeit gar nicht so selbstverständliche Mitgefühl, welches der Kapitän seinen Passagieren entgegenbrachte. Es gibt genügend zeitgenössische Berichte über Auswandererschiffe, auf denen die Passagiere oft in qualvoller Enge zusammengepfercht wurden, keine ausreichende Verpflegung erhielten und schon gar nicht auf ärztliche Hilfe bei Krankheit rechnen konnten. Gegen diese Praxis moderner Sklaventransporte durch eigennützige Agenten und Kapitäne, die es an den notwendigsten Sicherheiten fehlen liessen, entwickelten sich erst allmählich Gegenmassnahmen, indem Auswanderer-Beratungsstellen ins Leben gerufen und strengere Auflagen gegenüber Reedereien und Kapitänen solcher Frachten gefordert wurden. Wie wichtig solche Forderungen waren, belegt schon der Umstand, dass es selbst bei einem so verantwortungsvollen Kapitän wie D. M. Hahn möglich war, den Auswanderern auf der «Zebra» einen Schiffsarzt als verantwortlichen Betreuer überzuordnen, der so wenig seiner Aufgabe gewachsen war wie dieser Doktor Mathiesen.

Die in ungewöhnlicher Ausführlichkeit beschriebenen Streitereien mit dem Arzt machen deutlich, welche Missstände auch auf diesem Schiff hätten entstehen können, wenn der Kapitän seine Fürsorge nicht auch auf einen Bereich ausgedehnt hätte, und zwar entgegen seiner ursprünglichen Absicht, der zunächst einmal nicht zu seinen dienstlichen Verpflichtungen gehörte. Das sorglose Hantieren mit Arzneimitteln, die skrupellose Bereitschaft zu medizinischen Experimenten, schliesslich der gänzliche Mangel an menschlichem Einfühlungsvermögen auf Seiten des Arztes — dies alles würde die ihm anvertrauten Auswanderer mit Sicherheit in ernsthaftere Schwierigkeiten gebracht haben, bis hin zu einer noch höheren Anzahl von Todesfällen. Dem überlegten und psychologisch geschickten Eingreifen von Kapitän Hahn war es deshalb zu verdanken, wenn die ausbrechenden Streitigkeiten immer wieder zum Wohl aller Beteiligten geschlichtet werden konnten. Das Bemerkenswerteste an seiner menschlichen Fürsorge ist jedoch, dass er bei aller Anteilnahme am Schicksal der Auswanderer nie einseitig für sie Partei ergriffen, sondern sehr deutlich auch die Fehler und Schwächen in dieser Gemeinschaft erkannt und beim Namen genannt hat.

Er muss ein feines Gespür für Heuchelei und Bigotterie gehabt haben, das ihm bei aller Achtung vor dem Gewissenskonflikt dieser Menschen, den sie als Begründung für ihre Auswanderung angaben, nie den Blick verstellte, um echte Religiosität von falschem Glaubenseifer unterscheiden zu können. Wenn man die weitere Geschichte der altlutherischen Gemeinden in Süd-Australien verfolgt und erfährt, dass nur kurze Zeit nach den ersten Ansiedlungen bereits ernsthafte Glaubensstreitigkeiten unter ihnen ausbrachen, die zu Zwist und Spaltung ganzer Gemeinden führten, gewinnen die Beobachtungen von Kapitän Hahn über das Verhalten seiner Auswanderer an Bord plötzlich eine ganz neue Qualität und relativieren auf einmal das vertraute Motiv von einer Auswanderung rein «um des Glaubens willen». Vielleicht kann dieser Text deshalb auch zur Revision einer Auswanderungsgeschichte beitragen, die allzu sehr von der Voraussetzung unterdrückter Glaubensfreiheit bestimmt war.

Einige Anmerkungen zur Textgestalt der vorliegenden Ausgabe mögen schliesslich noch angefügt sein. Rechtschreibung, Grammatik und Stil der Lebenserinnerungen von Kapitän Hahn weisen zu viele — zum Teil wohl auch dialektbedingte — Eigentümlichkeiten auf, als dass sie nicht behutsam aber konsequent dem heutigen Sprachgebrauch angeglichen werden sollten.

Die Rechtschreibung wurde durchgehend modernisiert, insbesondere wurden *th* zu t *(Vorrath* > Vorrat, *Muth* > Mut, *That* > Tat, *Theil* > Teil usw.), *c* zu k oder z *(Cours* > Kurs, *Charten* > Karten, *Protocol* > Protokoll, *Ocean* > Ozean, *Medicin* > Medizin usw.), *dt* zu t *(Todte* > Tote, *Brodt* > Brot), sowie *ß* zu s oder ss *(reißte* > reiste, *Ereigniße* > Ereignisse, *Fäßer* > Fässer usw.) geändert. Ebenfalls modernisiert wurden eine Reihe sprachlicher Wendungen, die heute nicht nur veraltet sind, sondern teilweise auch missverständlich sein könnten (z. B. *gesetzwiederlich* > gesetzwidrig, *desfalsig* > diesbezüglich, *farbenartig* > farbecht, *mehrst(ens)* > meist(ens), *vorzüglich* > insbesondere, *der gedachte Contract* > der genannte Kontrakt, *die mehr beregten Herren* > die mehrfach besagten Herren, *unermüdet* > unermüdlich, u. a.). Erhalten blieben dagegen alle Ausdrücke und Redewendungen, die im weitesten Sinne dem Seefahrts- und Handelswesen der damaligen Zeit entstammen; sie wurden in allen den Fällen, die erforderlich schienen, in den folgenden Anmerkungen erläutert.

Die grammatikalischen Eigenheiten des Manuskriptes betreffen in erster Linie die Verwendung der Artikel sowie die Deklinationen der Substantive und begleitenden Adjektive. Das zuvor zitierte Textbeispiel (vgl. S. 187) mag hiervon einen Eindruck geben. Diese Eigenheiten wurden durchweg nach den heutigen Sprachregeln verändert.

Eine stilistische Besonderheit der Aufzeichnungen bilden die zum Teil sehr langen Sätze, die zudem durch uneinheitliche Zeichensetzung oft nur schwer den Zusammenhang erkennen lassen. Hier lag der Schwerpunkt der Bearbeitung auf der Verkürzung der Sätze, auch auf der Umstellung einzelner Satzteile oder auch nur Wörter, wobei jedoch die Nähe zum Original immer oberstes Gebot blieb. Der übersichtlicheren Gliederung des Textes dienen auch die hinzugefügten Zwischenüberschriften.

Zu den Uneinheitlichkeiten des Manuskriptes gehört

schliesslich auch die Schreibweise von Eigennamen, sowohl von Personen als auch von geographischen Orten. Die Ursache ist wohl darin zu suchen, dass diese Namen meistens nach dem Gehör niedergeschrieben worden sind. Andererseits weisen selbst Dokumente aus jener Zeit oft erhebliche Unterschiede in der Namensschreibung auf. Diese Schreibweisen wurden durchweg vereinheitlicht, wobei insbesondere den Personennamen genauere Nachforschungen gewidmet wurden. Fast alle Personen aus dem Bekanntenkreis von Kapitän Hahn (Reeder, Makler und andere Persönlichkeiten des öffentlichen Lebens) konnten anhand von Adressbüchern, Zeitungen und anderen Archivalien identifiziert und in ihrer Namensschreibweise berichtigt werden. Hinsichtlich der Namen der Auswanderer (soweit sie in dem Manuskript genannt werden) sowie der Personen, mit denen Hahn in Australien zusammentraf, haben wir uns auf die Nachforschungen von Iwan, Blaess und Schubert verlassen, deren diesbezügliche Veröffentlichungen in den Literaturhinweisen aufgeführt worden sind.

In der Einleitung zu seinen Lebenserinnerungen schreibt Kapitän Hahn in aller Bescheidenheit, dass man von einem Seemann keine geübte schriftstellerische Arbeit erwarten dürfe und dass er seine Aufzeichnungen nur zu seinem Vergnügen und zur Erinnerung für seine Nachkommen geschrieben habe. Dies möge letztlich auch der spätere Leser nachsichtsvoll bedenken. Aus diesem Bekenntnis wird deutlich, dass er an eine Veröffentlichung seiner Aufzeichnungen bei ihrer Niederschrift zwar sicherlich nicht in erster Linie gedacht, sie aber wohl auch nicht ganz ausgeschlossen hat. Ein in sich geschlossener und vollständiger Teil seines Manuskriptes liegt hiermit nun doch der Öffentlichkeit vor und darf mit Sicherheit über den Reiz dieser sehr persönlichen Erinnerungen hinaus auch ein allgemeines historisches Interesse beanspruchen.

(F. R. H.)

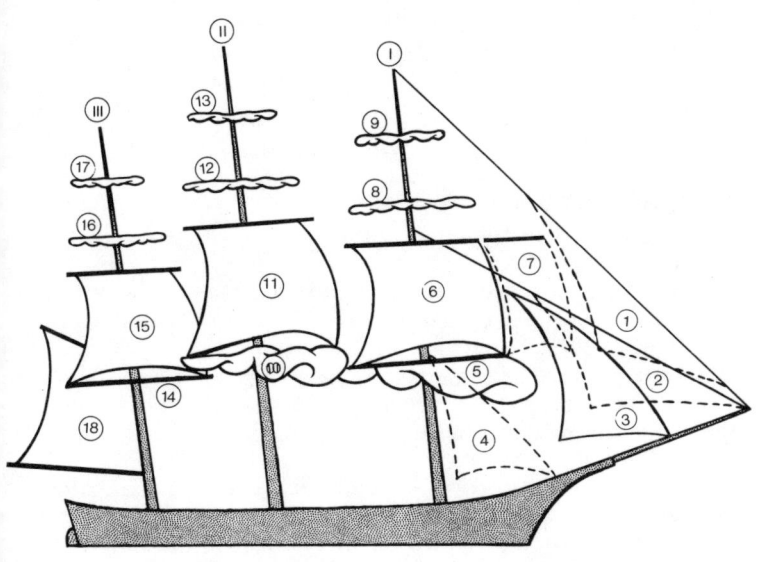

Segelriß der Fregatte «Zebra»,
wie sie auf dem Bild dargestellt ist

I	Vor- oder Fockmast	
II	Grossmast	
III	Kreuzmast	

1	Außenklüver	(nicht gesetzt)
2	(Innen-)Klüver	(nicht gesetzt)
3	Vorstengestagsegel	
4	Vor- oder Fockstagsegel	(nicht gesetzt)
5	Focksegel	(aufgegeit)
6	Vormarssegel	
7	Voroberleesegel	(nicht gesetzt)
8	Vorbramsegel	(festgemacht)
9	Vorroyalsegel	(festgemacht)
10	Grosssegel	(aufgegeit)
11	Grossmarssegel	
12	Grossbramsegel	(festgemacht)
13	Grossroyalsegel	(festgemacht)
14	Begienrah	(kein Segel angeschlagen)
15	Kreuzmarssegel	
16	Kreuzbramsegel	(festgemacht)
17	Kreuzroyalsegel	(festgemacht)
18	Besan	

Anmerkungen

Am 22. Juni 1838 ...: Kapitän Hahn war am 19. Juni 1838 von einer Reise nach Bahia (heute Salvador/Brasilien) zurückgekommen und zunächst auf der Elbe vor Hamburg vor Anker gegangen. — Dieser Satz stellt den Übergang von M1 zu M2 her; M2 beginnt erst mit dem folgenden Satz.

Zebra: Die ‹Zebra› war ein vollgetakeltes Schiff mit 3 Masten, das in jener Zeit auch als Fregatte bezeichnet wurde. Volltakelung bedeutet, dass im Unterschied zu einer Bark auch der hinterste Mast (Kreuzmast) neben einem Gaffelsegel mit Rahsegeln betakelt war. Zur Takelung und zur Benennung der Segel siehe den beigefügten Segelriss der ‹Zebra›.

Archangelsk: Im Manuskript die ältere Schreibweise ‹Archangel›. Hafenstadt in Russland im Weissen Meer, an der Mündung der Nördlichen Dwina. Der Hafen ist nur 6 Monate im Jahr eisfrei. Zwischen Hamburg und Archangelsk bestand damals ein reger Schiffsverkehr.

Da meine Frau erst kürzlich entbunden worden war ...: Geburt des zweiten Kindes, einer Tochter Margarethe Dirk Hahn am 30.12.1837.

Adelaide: Hauptstadt der 1836 gegründeten englischen Kolonie Süd-Australien, 9 km östlich vom St. Vincent-Golf gelegen. Die Stadt wurde nach der Gemahlin des damaligen englischen Königs William IV, Prinzessin Adelaide von Sachsen-Coburg und Meiningen, benannt. Der Hafen Port Adelaide liegt etwa 13 km nordwestlich von der Stadt.

... nur nach New York zu bringen: Reise von Cuxhaven nach New York vom 15.9. — 10.11.1836 mit 140 deutschen Auswanderern an Bord. Diese Reise war die erste, die D. M. Hahn als Kapitän auf der ‹Zebra› machte.

Reeder Dede: Friedrich Nicolaus Dede, Kaufmann (Schiffsmaterialien) in Altona, war der Reeder der ‹Zebra› von 1836—1842. In dieser Zeit hatte die ‹Zebra› 3 Kapitäne: 1836 P. Stelting, 1836—1840 D. M. Hahn, 1841—1842 H. C. W. Bock.

Chronometer: Besonders genau gehende Uhr, deren Unruhe einen möglichst gleichmässigen Gang auch bei wechselnden Temperaturen besitzt. Zur Sicherung gegen Erschütterungen wird der Chronometer auf einem Schiff meist in einem Holzgehäuse in zwei

Ringen kardanisch aufgehängt. Für die Seefahrer ist er als Mittel für die Ortsbestimmung auf See, insbesondere für die Bestimmung der geographischen Länge unentbehrlich.

SEITE 34
Makler Schröder: Heinrich August Schröder, Schiffsmakler in Hamburg.

‹*Prince George*›: Dreimast-Bark unter Kapitän F. B. Chilcott. Die Reise mit den preussischen Auswanderern begann am 8. Juli 1838 in Hamburg; Ankunft in der Holdfast Bay am 18. November 1838.

Bahia: Stadt an der Ostküste Brasiliens, heute Salvador.

Makler Schirmer: Johann Daniel Schirmer, Schiffs- und Assecuranzmakler in Hamburg.

SEITE 35
Herr Swaine: Robert Victor Swaine (1794–1859), Königlich Belgischer Konsul und Konsul des Grossherzogs von Sachsen-Weimar und Eisenach in Hamburg (Hamburgisches Adressbuch für 1838). Swaine war gebürtiger Engländer, woher sich seine Verbindung zu der Süd-Australischen Compagnie in London erklärt. Für diese Compagnie wirkte er in Hamburg als Agent und hatte in dieser Funktion den Auftrag, Schiffe für die preussischen Auswanderer zu chartern und zu befrachten.

Altona: Die Herzogtümer Schleswig und Holstein gehörten 1838 noch zum Königreich Dänemark. Daher war auch Altona ein dänischer Hafen.

ausklarieren: Das Abfertigen eines Schiffes bei der Hafen- und Zollbehörde vor dem Auslaufen aus einem Hafen.

. . . meinen Sohn Dirk: Dirk Dirksen Hahn, geboren am 15.6.1834 als erstes Kind der Familie Dirk Meinerts Hahn.

SEITE 36
Spikerhaut: Eine Bekleidung von dünnen Planken, meist aus Föhrenholz, die zusätzlich auf das Unterwasserschiff mit Holz- oder Metallstiften aufgebracht (gespikert) wurden. Das Anbringen einer Spikerhaut war insbesondere dann ratsam, wenn ein Schiff in südliche Meere reiste, wo der Befall mit Seewürmern besonders intensiv war. Im Bereich der Wasserlinie wurde die Spikerhaut oft noch zusätzlich mit einem dünnen Kupferblech bedeckt. Die ‹Zebra› erhielt also allem Anschein nach während ihres knapp zweimonatigen Aufenthaltes in Hamburg und Altona eigens für diese Reise eine solche Spikerhaut.

Berghölzer: Sehr dicke Bohlen, welche in verschiedener Höhe entlang den beiden äusseren Seiten des Schiffes liegen und wegen ihrer Dicke über alle übrigen Seitenplanken hervorragen. Sie machen eine der Hauptverbindungen des Schiffes aus.

sein Bruder: Vermutlich Heinrich Dede, der dem Altonaer Adressbuch für 1838 zufolge ein gemeinsames Kontor zusammen mit Friedrich Nicolaus Dede an der Elbbrücke No. 6 in Altona innehatte.

Rüsten: Dicke Planken, die an den äusseren Seiten des Schiffes hervorragen. Sie liegen auf beiden Seiten des Schiffes etwas hinter jedem Mast und dienen dazu, die Wanten zu tragen. Die Besucher, die auf diese Rüsten klettern, blicken also von aussenbords über die Reling auf das Schiffsdeck.

SEITE 37
Juelssand: Holsteinisches Elbufer auf der Höhe von Stade, zur damaligen Zeit dänisch.

Krautsand: Niedersächsisches Elbufer gegenüber von Glückstadt, damals zu Hannover gehörend.

Doktor Mathiesen: Die Schreibweise dieses Namens ist bei Hahn nicht eindeutig; andere Formen sind Mathison oder Matthiesen. Australische Veröffentlichungen geben den Namen meist mit Matheison an, was aber wahrscheinlich auf einem Lesefehler beruht. Ein Arzt dieses Namens war im Stadtarchiv Schleswig nicht zu ermitteln.

Oberprediger Quenzel: Christian Peter Friedrich Daniel Quenzel (1779—1843), Oberkonsistorialrat, war von 1817 bis 1843 Pastor der Stadt- und Landgemeinde Glückstadt.

SEITE 38
Präsident Fabricius: Christian Fabricius (1790—1841), war von 1832 bis 1840 Stadtpräsident von Glückstadt.

Species: Species-Taler oder Species hiess in Dänemark bis 1873 die grösste Silbermünze. Obwohl nach 1813 der Reichsbanktaler die offizielle dänische Währungseinheit war, galt auch der Species noch als Zahlungsmittel. Er hatte den Gegenwert von 2 Reichsbanktalern zu je 96 Reichsbankschilling oder 30 Schilling Kurant. Der Species-Taler war auch eine alte deutsche Silbermünze, die in diesem Zusammenhang jedoch nicht gemeint sein dürfte.

Physikus: Staatlich bestellter Arzt, der über die Gesundheitsverhältnisse eines bestimmten Bezirks zu wachen und in bestimmten

Fällen den Verwaltungs- und Gerichtsbehörden den nötigen Beistand zu leisten hat.

SEITE 39
Prediger Beenss: Christian Heinrich Beenss (1804—1876), war von 1835 bis 1844 Pastor auf Krautsand.

12 Schilling: Nach der oben beschriebenen Umrechnung entsprachen 12 Schilling Kurant einem Fünftel von einem Species-Taler. In Glückstadt hatte man demnach wenigstens das 25fache als Begräbniskosten gefordert. Legt man die dänischen Reichsbankschillinge zugrunde, dann war es sogar das 40fache.

SEITE 40
Kajüt-Passagiere: Der andere Passagier neben Dr. Mathiesen war Hermann Friedrich Kook, ein Landwirt aus Lübeck, der später als Verwalter in der neugegründeten Siedlung ‹Hahndorf› eingesetzt wurde. (Schubert, S. 169)

SEITE 41
Gallone: Kapitän Hahn macht selbst die Anmerkung: «1 Gallon hält circa 4 Boutillen.» Zwei Masse waren um diese Zeit gebräuchlich: 1 imperial gallon (4 quarts) = 4,5 l; 1 wine gallon = 3,8 l. Die ‹wine gallon› war die auch in Deutschland übliche Verkaufsnorm für Spirituosen.

Pound (lb): 1 pound (lb) = 16 ounces (oz) = 0,4536 kg.

Arrowroot: Pfeilwurzmehl, Stärke aus Wurzeln und Knollen tropischer Stauden. Fand als Nährmittel und Backmehl Verwendung.

Oxhoft: Grösseres Mass besonders für Wein und Spirituosen, von verschiedenem Inhalt, der meist zwischen 200 und 240 l liegt. Das dänische Oxhoft enthält 234 Pott oder rund 226 Liter.

Herr Knapp: Person konnte nicht identifiziert werden.

St. Catherine: St. Catherine's Point, Südspitze der Isle of Wight.

SEITE 42
Observation: In der Seefahrt nicht allein die Beobachtung von Gestirnen, sondern auch deren Höhenmessung samt den daraus folgenden Berechnungen.

Gang des Chronometers: Konstanter Fehler innerhalb einer definierten Zeit, meist innerhalb 24 Stunden. Da der Chronometer im Prinzip nie nachgestellt werden sollte, musste dieser Fehler also im Laufe einer Reise bei den Berechnungen aufaddiert werden. Das

Zeichen für einen guten Chronometer ist demzufolge nicht die Kleinheit, sondern die Regelmässigkeit seines Ganges.

Längen-Observation bei Sonnen- und Monddistanz: Mit Hilfe von Monddistanz-Tafeln konnte die Länge schon vor Erfindung des Chronometers bestimmt werden. Kapitän Hahn nutzt hier den Mond und die Sonne, beide gleichzeitig sichtbar, für eine Chronometer-Kontrolle.

Obersteuermann Boy Dirksen: Obersteuermann Dirksen und auch der Untersteuermann Ingwer Lorenz Petersen stammten beide aus Keitum auf Sylt. «Die beiden Steuerleute waren sehr tüchtige Seefahrer und achtenswerte Männer, die körperlich grösser und stärker als Hahn waren und dadurch sein Ansehen auf dem Schiffe bedeutend unterstützten. Besonders ragte der Obersteuermann Boy Dirksen durch seine ungewöhnliche Grösse und Stärke über die ganze Schiffsgesellschaft bedeutend hervor.» (Sylter Nachrichten, 20.11.1934, nach dem Sylter Chronisten C. P. Hansen, einem Zeitgenossen und Freund D. M. Hahns)

beide Ergebnisse: Im Manuskript ‹beide Faciten›.

SEITE 43
Tristan Point: Im Manuskript ‹Trixtonpoint›. Gemeint ist sehr wahrscheinlich Ponta do Tristão, die Nordwestspitze von Madeira.

2 Meilen vom Lande: Bei allen nautischen Entfernungsangaben sind Seemeilen gemeint: 1 sm = 1,852 km.

Sextant: Winkelmessinstrument, dessen Kreisbogen einem Sechstelkreis entspricht und Messungen horizontaler wie vertikaler Winkel bis 120° ermöglicht. Wird auf See zur Messung der Höhe der Sonne oder anderer Gestirne über dem Meeresspiegel benutzt, um Zeit und geographische Breite zu bestimmen.

SEITE 44
Kanarische Inseln: Mit der ‹furchtbaren Höhe› dieser Inseln hat Kapitän Hahn durchaus recht: der Roque de los Muchachos auf Palma hat eine Höhe von 2423 m, der Pico de Teide auf Teneriffa ist sogar 3718 Meter hoch.

SEITE 46
Kontanten: Im allgemeinen Bargeld jeglicher Art. Man wendete aber diese Bezeichnung vorzugsweise im überseeischen Verkehr auf ausländische Münzsorten an, welche nicht als unmittelbare Zahlungsmittel galten, sondern als Ware behandelt wurden.

Skorbut: Im Manuskript ‹Scharbutt›, auch ‹Scharbuck› (der ältere deutsche Ausdruck war ‹Scharbock›). Gefürchtete Ernährungskrankheit, die sich auf langen Seereisen entwickelt, wenn Kartoffeln, Gemüse und frisches Fleisch fehlen und die Mannschaft ausschliesslich von Schiffszwieback und Pökelfleisch lebt. Es gelang erstmals Kapitän James Cook auf seinen Weltumseglungen (1768 – 1779), wirksame Gegenmassnahmen gegen diese Krankheit zu erproben. Diese Massnahmen wurden zunächst bei der englischen Marine eingeführt, dann aber sehr schnell zum Allgemeingut auf den seefahrenden Schiffen aller Nationen. Die von Kapitän Hahn ergriffenen Gegenmassnahmen gleichen bis ins Detail den von Cook in seinen Tagebüchern geschilderten.

SEITE 47

Port de Grace: Wahrscheinlich ‹Porto da Praia›, Hafen auf der Ilha de Santiago, der grössten Insel der Südgruppe der Kapverdischen Inseln. (Blaess gibt in seiner englischen Übersetzung die Stelle mit ‹Porto da Preia› wieder, vermutlich steht dies auch in M1.) Es könnte sonst auch noch ‹Porto Grande› gemeint sein, ein Reedehafen zwischen den Inseln São Antão und São Vicente.

Windsegel: Aus leichtem Segeltuch gefertigte, unten offene Windsäcke oder Röhren, die zur Lüftung durch die Luken in die Schiffsräume geführt werden, namentlich in den Tropen.

SEITE 48

In Bahia war mir ein Ferkel geschenkt worden ...: Auf der vorangegangenen Reise war Kapitän Hahn mit der ‹Zebra› in Bahia. Von dieser Reise kam er am 19. Juni 1838 zurück und lag zunächst auf der Elbreede vor Hamburg, ehe er am 22. Juni in den Hamburger Hafen einlaufen konnte (vgl. Beginn der vorliegenden Reisebeschreibung S. 33).

Insel St. Antoni: São Antão, westlichste der Kapverdischen Inseln.

SEITE 49

Insel Bravo: Ilha Brava, südlichste der Kapverdischen Inseln.

preite: von ‹preien›, ein Schiff anrufen.

Cap Roque: Cabo de São Roque, Kap an der Ostküste Brasiliens, nördlich der Stadt Natal, zwischen 5 und 6 Grad südl. Breite.

SEITE 50

Direktionen: Seehandbücher (engl: ‹directory›)

unter der Linie: Das Gebiet wenige Breitengrade beiderseits des Äquators.

wir kreuzten am 10. Oktober den Äquator: Bei diesem Datum handelt es sich sehr wahrscheinlich um einen Irrtum. Hahn erzählt später

(s. S. 111), dass der Äquator an einem Sonntag passiert wurde. Das dort angegebene Datum 14.10. wird demnach das richtige sein, denn der 10.10.1838 war ein Mittwoch.

SEITE 52
Tropic of Capricorn: Im Manuskript ‹Tropic of Capricorna›, auch ‹Topich of Capricorno›. Der Wendekreis des Steinbocks.

SEITE 53
Kühlung: Ein leichter Wind, älterer Ausdruck für Brise.

zu nahe der Tropen: Zu nahe an den Wendekreisen (hier: Wendekreis des Steinbocks).

SEITE 54
Variation des Kompasses: Die örtliche Missweisung, d. h. die Abweichung der Magnetnadel vom geographischen Nordpol, die von Schiffsort zu Schiffsort oft erheblich differiert und auch zeitlichen Änderungen ausgesetzt ist.

SEITE 55
Staub auf Deck: gemeint ist die Gischt, also zerstäubendes Wasser.

115 Grad Fahrenheit: Auf der Thermometerskala von Fahrenheit liegt der Gefrierpunkt bei $+32°F$, der Siedepunkt bei $+212°F$. Mithin entsprechen 100 Celsius-Grade 180 Fahrenheit-Graden. $115°F = 46°C$; $64°F = 17,7°C$.

Insel Trinidad: Ilha da Trindade, Insel im Atlantischen Ozean, etwa 1200 km östlich vor der brasilianischen Küste auf $20°15'$ südlicher Breite, westlich der Inselgruppe Martin Vaz.

Refreshment-Inseln: Die Insel Tristan da Cunha im Südatlantischen Ozean wird auch ‹Erfrischungsinsel› genannt. Sie galt in der Lage als günstig für Ostindien- und Australienfahrer, um dort Lebensmittel- und Wasservorräte zu ergänzen. Der von Hahn benutzte Plural ist begründet, weil es in der Nähe zwei weitere, allerdings unbewohnte Inseln gibt: Inaccessible und Nightingale.

SEITE 56
. . . sich auf seine Länge zu sichern: Hiermit formuliert Kapitän Hahn das auch für ihn noch zentrale navigatorische Problem, nämlich die exakte Längenbestimmung auf See.

SEITE 57
Berechnung der Observation: Diese ist in M1 vorhanden, war in der uns zugänglichen Kopie jedoch nicht zu entziffern.

SEITE 58
Mystiker oder Mucker: Am 6. Juli 1838 war in der Zeitung ‹Privilegirte wöchentliche gemeinnützige Nachrichten von und für

Hamburg» ein mit «Crescens» gezeichneter Artikel über die preussischen Auswanderer erschienen, in dem der Verfasser beschreibt, dass er diese um ihres Glaubens willen auswandernden Altlutheraner zunächst für «Mucker oder sonstige Mystiker und Fanatiker» hielt. Dieser Artikel erregte damals vor der Abreise der Auswandererschiffe grosses Aufsehen, und es ist wahrscheinlich, dass auch Kapitän Hahn ihn gelesen hatte (vgl. Anm. S. 79).

König von Preussen: Friedrich Wilhelm III, regierte von 1797 bis 1840. Zum Folgenden sei für interessierte Leser auf die gut erforschte Geschichte der altlutherischen Auswanderung verwiesen, zu der sich einige Angaben in den Literaturhinweisen finden.

SEITE 61
Nickern unweit Züllichau: Dorf Nickern im Kreis Züllichau, Provinz Brandenburg. Aus dieser Provinz kamen die meisten der Altlutheraner, die 1838 nach Süd-Australien auswanderten.

Thiele: Es handelt sich bei dieser Erzählung vermutlich um den Büdner Samuel Thiele (56), der jedoch nicht aus Nickern, sondern aus Harthe im Kreis Züllichau stammte. Samuel Thiele befand sich allerdings zusammen mit seiner Frau und den Familien seiner Söhne Johann Friedrich Thiele (Schuhmacher aus Harthe) und Christian Thiele (Schuhmacher aus Kay) unter den Auswanderern auf der «Prince George». (Schubert, S. 155)

SEITE 64
Insel St. Paul: Ile Saint Paul, französische Insel im Indischen Ozean auf 38°43' südlicher Breite und 77°32' östlicher Länge. Die nur 2 Seemeilen lange Insel ist über 270 m hoch und hat einen runden, nach Osten zur See hin offenen Kratersee.

Hasbury's Direktion: Sehr wahrscheinlich das Handbuch von James Horsburgh, A Directory of the Indian Ocean. Horsburgh war Engländer; welcher Verfasser eines ähnlichen Handbuches mit «der Amerikaner» gemeint sein könnte, liess sich bisher nicht ermitteln.

SEITE 66
Bassin: Der charakteristische, von See aus sichtbare Kratersee der Insel St. Paul.

Azimut-Peilung: Der Winkel, den eine Peilungslinie mit der wahren Nord-Süd-Linie bildet, heisst Azimut. Die Richtung von Gegenständen kann auch durch den Winkel zwischen der Ost-West-Linie und der Peilungslinie ausgedrückt werden. Dieser Winkel heisst Amplitude.

SEITE 67
Neu-Holland: Alte Bezeichnung für Australien, die zur Zeit von Cooks Reisen, also nur rund 60 Jahre früher, noch durchaus

gebräuchlich war. Der niederländische Seefahrer Abel Janszoon Tasman hatte dem Land diesen Namen gegeben, als er 1642 der Westküste Australiens entlangfuhr. Mehr als 100 Jahre lang schenkte man seiner Entdeckung kaum Beachtung.

SEITE 69
Meister Behrend: Gottfried Behrend (53), Schuhmachermeister aus Schwiebus, Kreis Züllichau (im Manuskript meist in der Schreibweise ‹Bernt› oder ‹Bährnt›).

hölzerne Töffeln: Holzpantoffeln. Die Idee von Meister Behrend war, den Gebrauch von Holzpantoffeln in Australien zu untersagen, um die Schuhmacher nicht arbeitslos zu machen.

Kap Leeuwin: Südwestspitze von West-Australien, nicht von Süd-Australien, wie Kapitän Hahn hier fälschlich angibt.

SEITE 70
Känguruh Insel: engl. Kangaroo Island, Süd-Australien vorgelagerte Insel, die von der Süd-Australischen Compagnie bereits im Jahre 1836 von England aus besiedelt worden war.

Investigator Strait: Meeresstrasse zwischen der Känguruh-Insel und der Halbinsel Yorke, die den Golf von St. Vincent auf der westlichen Seite begrenzt.

SEITE 71
Golf von St. Vincent: Meeresarm, an dessen östlicher Seite Adelaide gegründet wurde.

Holdfast Bay: Meeresbucht vor Adelaide im Golf von St. Vincent.

8 englische Meilen: 1 engl. Meile = 1,52 km (= 5000 feet). Diese ‹Londoner oder englische Meile› war damals gebräuchlicher als die ‹Statute Mile› oder ‹British Mile›, die 1,609 km (= 5280 feet) beträgt.

Herr Flaxman: Charles Flaxman (1806—1869), Agent von G. F. Angas (vgl. Anm. S. 74) in Süd-Australien. Flaxman war kurz zuvor zusammen mit seiner Familie und den ersten preussischen Auswanderern auf der ‹Prince George› in Adelaide angekommen.

14 Fuss: 1 Fuss = 0,3048 m. Die ‹Zebra› hatte in beladenem Zustand also einen Tiefgang von etwa 4,30 m.

Barre: unterseeische Barriere oder Riff.

Lotsenkapitän Lipson: Thomas Lipson (1783—1863), Zoll- und Hafenmeister von Port Adelaide.

7 Faden Wasser: 1 Faden = 1,83 m. Mass, das fast ausschliesslich zur Bestimmung der Fahrwassertiefe verwendet wurde. Die Hafeneinfahrt hatte also durchgehend etwa 12,80 m Wassertiefe.

die erste fremde Flagge: nämlich die dänische. Bislang waren nur englische Schiffe zu dieser noch verhältnismässig jungen Kolonie gesegelt.

. . . die früher mit der ‹Prince George› angekommen waren: Die ‹Prince George› war am 18.11.1838 in der Holdfast Bay angekommen, 2 oder 3 Tage später in Port Adelaide.

Herr Angas: George Fife Angas (1789—1879), erster Direktor der Süd-Australischen Compagnie und einer der Begründer der neuen englischen Kolonie Süd-Australien. Seiner Initiative ist es zuzuschreiben, dass die preussischen Altlutheraner nach Süd-Australien und nicht nach Nordamerika auswanderten.

Acker: (engl. acre) 1 engl. Acker = 40,5 a. Das deutsche Flächenmass ‹Acker› ist je nach Region zwischen 23,8 und 64,2 a gross. Nach Iwan ist 1 Acker = 1,6 Morgen. (Iwan, S. 51)

Prediger Kavel: August Ludwig Christian Kavel (1798—1860), lutherischer Pastor aus Preussen, der zusammen mit G. F. Angas die Auswanderung der preussischen Altlutheraner nach Süd-Australien in die Wege leitete.

. . . 2 Jahre lang in London unterhalten: Kavel lebte 1836—1838 auf Kosten von G. F. Angas in London und betrieb von dort aus die Auswanderung seiner ehemaligen Gemeindemitglieder.

‹Prince George›, ‹Bengalee›, ‹Zebra›, ‹Catharina›: Die Auswanderer waren auf 4 grossen Oderkähnen im Juni 1838 auf dem Wasserwege in Hamburg angekommen (Abfahrt in Tschicherzig an der Oder am 8.6.1838, Ankunft in Hamburg am 27.6.1838). G. F. Angas hatte von Plymouth aus zunächst nur die ‹Prince George› nach Hamburg geschickt, um die Auswanderer nach Süd-Australien zu bringen. Als sich dort herausstellte, dass weit mehr Auswanderer angekommen waren, als ursprünglich vorauszusehen war, wurde zunächst die ebenfalls nach Adelaide bestimmte ‹Bengalee› (wie die ‹Prince George› ebenfalls eine Dreimast-Bark) unter der Führung von Kapitän Thomas Hamlin mit einer kleinen Zahl von Auswanderern befrachtet. Die ‹Bengalee› verliess Hamburg kurz nach der ‹Prince George› am 10. Juli 1838, kam aber bereits am 16. November 1838 in Holdfast Bay an, also 2 Tage vor der

‹Prince George›. Für die restlichen Auswanderer wurden in Hamburg durch den Konsul Swaine freie Schiffe gechartert. Auf diese Weise kam die ‹Zebra› unter Kapitän Hahn zu ihrer Fracht. Die noch verbleibenden Auswanderer segelten dann mit dem hamburgischen Schiff ‹Catharina› unter Kapitän Peter Schacht. Diese Überfahrt dauerte vom 21. September 1838 bis zum 22. oder 25. Januar. (Daten nach Schubert) Die Anzahl der Auswanderer, die mit den einzelnen Schiffen nach Port Adelaide kamen, gibt Hahn bis auf die ‹Zebra› nicht korrekt an, in der Literatur finden sich allerdings auch unterschiedliche Angaben. Passagierlisten sind für alle 4 Schiffe nicht überliefert.

SEITE 77
Klemzig: Ort im Kreis Züllichau, aus dem die Mehrzahl der mit der ‹Prince George› gekommenen Auswanderer stammte. Zum Andenken an ihre Heimat nannten diese ihre neue Siedlung ebenfalls Klemzig. Heute ist diese Siedlung ein Stadtteil im Nordosten von Adelaide.

Sektion: Die Anmerkung stammt von Kapitän Hahn. Nach den australischen Veröffentlichungen beinhaltet eine Sektion lediglich 80 Acker, das sind 324 Hektar.

SEITE 78
King's Treasurer: Der englische König William IV war am 20. Juni 1837 gestorben; die unmittelbare Thronfolgerin war Queen Victoria. Es müsste also eigentlich ‹Queen's Treasurer› heissen.

Mr. Gilles: Osmond Gilles (1787–1866), First Colonial Treasurer von Süd-Australien. Er war vorher Kaufmann für Weizen- und Wollimporte in Hamburg.

SEITE 79
Senator Hudtwalcker: Dr. iur. Martin Hieronymus Hudtwalcker, Ratsherr der Stadt Hamburg. Von ihm stammt auch der mit dem Pseudonym ‹Crescens› unterzeichnete Artikel über die preussischen Auswanderer in den ‹Privilegirten wöchentlichen gemeinnützigen Nachrichten von und für Hamburg› vom 6. Juli 1838, der im Bildteil (S. 162) abgedruckt ist.

Herr Ramsen und Donner: Ramsen konnte nicht identifiziert werden. Bei ‹Herrn Donner› handelt es sich möglicherweise um Johann Julius Donner, damals ‹Königlich Sicilianischer Vice-Consul für Altona und das Dänische Territorium an der Elbe›.

SEITE 80
Herr Dutton: William Hampden Dutton (1805–1849), Schafzüchter in Neu-Südwales. Frederick Hugh Hampden Dutton,

Britischer Vizekonsul in Cuxhaven, war nicht der Bruder, sondern der Vater des erstgenannten.

SEITE 81
Aufruf: Southern Australian, 23 Jan. 1839, 3a. (Blaess)

4000 Acker Land: Im Rahmen eines sogenannten ‹Special Survey›, also einer besonderen Landvermessung, hatten die Herren Dutton, Finnis und MacFarlane am 11. Januar 1839 das genannte Land erworben. Die 4000 Acker waren in 50 Sektionen aufgeteilt und entsprachen insgesamt einer Fläche von 162 Quadratkilometern.

SEITE 83
aufgekapt: Herkunft konnte nicht geklärt werden; die Bedeutung ergibt sich aber aus dem Zusammenhang: vermutlich soviel wie ‹aufgestochen› (von Kap = Spitze).

SEITE 84
Mount Lofty: Bergkette östlich von Adelaide, nach der höchsten Erhebung benannt, die heute mit 2334 Fuss = 711 m angegeben wird.

SEITE 85
Triften: Der Ausdruck wurde im Niederdeutschen nicht nur für Weideland, sondern auch für die darauf weidenden Herden verwendet.

SEITE 86
Onkaparinga: Fluss östlich der Mount Lofty Berge. Der Name stammt aus der Sprache der australischen Eingeborenen.

SEITE 87
4 deutsche Meilen: 1 preussische Meile = 7,53 km. Die besagte Fahrt wäre dann wenigstens über 30 km gegangen.

ein paar Zelte: Zeltartige Erdhütten, die von den Schafhirten des Captain Finnis errichtet worden waren.

Herr Finnis: Captain John Finnis (1802 – 1872), Handelskapitän, Landforscher und Schafzüchter (vgl. Anm. S. 81).

Sodden: Ausgestochenes Rasen- oder Torfstück (auch ‹Soden›).

SEITE 88
Periquilos: Nicht näher zu ermittelnde Vogelart, vermutlich eine Art aus der Unterfamilie der Sittiche, die in Süd-Australien besonders zahlreich sind (frz. perroquet, engl. parakeet).

Mount Barker: Berg östlich des Onkaparinga, dessen Höhe heute nur mit 1695 Fuss = 517 m angegeben wird.

Lake Alexandrina: See an der Mündung des Murray River in die Encounter Bay (Indischer Ozean).

Murray-Fluss: Grösster Fluss in Australien, der zusammen mit seinen Nebenflüssen, dem Darling und dem Murrumbidgee, für die Erforschung von Süd-Australien, Victoria und Neu-Südwales von besonderer Bedeutung war. Er ist 2500 km lang und bis in seinen Oberlauf hinein schiffbar.

Herr MacFarlane: Im Manuskript, vermutlich irrtümlich, ‹Metcalfe›. Duncan MacFarlane (c. 1793 – 1856), Viehzüchter aus Sydney (vgl. Anm. S. 81).

Effekten: Eigentlich Wertpapiere, in diesem Zusammenhang jedoch das gesamte Hab und Gut der Auswanderer.

aufgebrochene Kühe: Kühe nach dem ersten Kalben, die also schon Milch geben.

Herr Kook: Kajütpassagier auf der ‹Zebra› (vgl. Anm. S. 40).

. . . als Kontrakt gelten konnte.: Hier endet der 1. Band von M1. Laut Beginn des 2. Bandes kam dieser Kontrakt am 25. Januar 1839 zustande.

. . . folgender Satz in den dortigen Zeitungen: ‹Southern Australian›, 30.1.1839, 3e. Hahn gibt diese Zeitungsnotiz offenbar nach seiner Erinnerung wieder. Bei Blaess, der vermutlich korrekt nach der Zeitung zitiert, lautet diese Notiz: «Mr. Dutton has made an offer to a number of Germans, to get them on his section at Mount Barker. This village thus formed will be named Hahndorf, in compliment to Captain Hahn of the Danish ship ‹Zebra›.»

die Einleitung im ersten Band: Hinweis auf Band 1 der Lebenserinnerungen, der uns zur Übertragung nicht zur Verfügung stand.

. . . dem Druck übergeben wurde: Ein solches Buch konnte bislang nicht ausfindig gemacht werden. Auch der erwähnte Herr Hübbe konnte nicht identifiziert werden. Möglicherweise handelt es sich aber um den Hamburger Rechtsanwalt Dr. Ulrich Hübbe, der in den Büchern von W. Iwan verschiedentlich als Freund und Ver-

trauensmann der Auswanderer erwähnt wird und zu dem auch D. M. Hahn Kontakt gehabt haben dürfte.

SEITE 100
Journal: Das offizielle Schiffstagebuch, das z. B. bei Seeamtsverhandlungen als wichtiges Dokument gilt.

die Grösse des Schiffes: Die Nutzlast der «Zebra» wird bei Schubert mit 350 Tonnen angegeben. Nach der Schiffskartei des Altonaer Museums trug die «Zebra» jedoch nur 129 Commerzlasten (1 CL entspricht ca. 2 Tonnen), d. h. rund 260 Tonnen.

Konnossemente: (frz. connaissement) Die im Seehandel vorkommende Urkunde, in welcher der Schiffer bestätigt, bestimmte Güter in seinem Schiff von dem Ablader empfangen zu haben, und sich verpflichtet, dieselben an den in der Urkunde bezeichneten Empfänger auszuliefern. Die Konnossemente ist demnach zugleich Empfangsbestätigung und Verpflichtungsschein.

SEITE 102
Helwig: Im Manuskript Helbig. Friedrich Helwig (43), Kolonist aus Friedrichsfelde, gestorben am 22. 9. 1838 auf See; seine Frau Eleonore Helwig, geb. Koch (37).

SEITE 103
Ost-Preussen: Gemeint ist die Provinz Brandenburg in Preussen, aus der alle Auswanderer auf der «Zebra» stammten (vgl. Anm. S. 61).

SEITE 105
Speigatten: Öffnungen im untern Teil der Reling, durch die Wasser vom Deck ablaufen kann.

Nitschke: Johann Gottlob Nitschke (30), Stellmacher aus Kay.

Vorsteher Paech: Vermutlich Johann Georg Paech (46), Bauer aus Kay. Auf der «Zebra» befanden sich ausserdem noch der Häusler und Tischler Friedrich Paech (32) aus Kay und der ehemalige Bauer Johann Friedrich Paech (36) aus Rentschen mit ihren Familien.

SEITE 106
Rationsliste: Um wenigstens einen Eindruck von solchen Listen zu erhalten, wie sie auf Auswandererschiffen üblich waren, sei hier eine Rationsliste des englischen Auswanderungs-Agenten Edward Delius in Bremen aus dem Jahre 1840 mitgeteilt (nach Schubert, S. 72; die englischen Mengenangaben wurden in deutsche Gewichte umgerechnet):

Sonntag:	380 g Fleisch mit Mehlklössen oder -pudding und Trockenobst; dazu 1 Flasche Wein für 8 Personen.
Montag:	225 g Speck mit Erbsen und Kartoffeln.
Dienstag:	170 g Fleisch mit Bohnen oder sauren Linsen.
Mittwoch:	225 g Speck mit Sauerkraut.
Donnerstag:	285 g Fleisch mit Reis und Kartoffeln.
Freitag:	225 g Speck mit Erbsen und Kartoffeln.
Samstag:	Grütze mit Backpflaumen und Sirup.

Zusätzlich gab es für jede Person pro Woche: 225 g Butter, 2270 g Brot, Zwieback, sowie 115 g Zucker; dazu morgens und abends Tee und Kaffee.

SEITE 107
Maurer Nitschke: Friedrich Wilhelm Nitschke (35), Maurergeselle aus Kay.

SEITE 109
Vorsteher Behrend: Schuhmachermeister Behrend (vgl. Anm. S. 69).

SEITE 111
die üblichen Neptuns-Rollen: Die Äquatortaufe, bei der sich die Matrosen verkleiden und als Meeresgott Neptun und seine Gehilfen auftreten.

SEITE 113
Vorsteher Jaensch: Christian Jaensch (40), Bauer aus Kay.

SEITE 115
Leuwagen: Norddeutscher Ausdruck für Schrubber; eine Bürste mit langem Stiel, besonders zum Deckwaschen.

kalfatert: die hölzernen Wände, das Deck des Schiffes in den Fugen mit Werg und Teer oder Kitt abdichten.

SEITE 117
Klemziger und Möstchener Gemeinden: Klemzig und Möstchen waren Orte im Kreis Züllichau. Die Auswanderer aus Klemzig befanden sich jedoch in der Mehrzahl auf der «Prince George».

SEITE 120
Äquatortaufe: Hahn benutzt diesen Ausdruck nicht, sondern spricht von dem Vorfall «in Betreff des Hänselns unter dem Äquator».

SEITE 130
... nur war die Witterung nicht günstig: Es zeugt von dem psychologischen Geschick Kapitän Hahns, auf die grössere Bereitwilligkeit zum Abschluss eines solchen Vergleichs bei einer gesteigerten

ängstlichen Gemütshaltung der Passagiere zu hoffen, weshalb er bis zu einer stürmischen Wetterlage damit wartete.

SEITE 135
Bartel: Zwei Familien dieses Namens befanden sich auf der «Zebra»: Christian Bartel (44), Dreschgärtner aus Möstchen, sowie Gottlob Bartel (41), Häusler aus Möstchen.

SEITE 138
in die Boje setzen: Möglicherweise ein Schreibfehler für Bilge; die Bilge ist der unterste Raum in einem Schiff, in dem sich auch Wasser und allerlei Unrat sammelte. Er wurde gelegentlich als Raum für Bestrafungen benutzt.

Stellmacher Nitschke: Johann Gottlob Nitschke (30), Stellmacher aus Kay (vgl. Anm. S. 105).

SEITE 139
Kay: Ort im Kreis Züllichau in der Provinz Brandenburg, aus dem die meisten Auswanderer auf der «Zebra» stammten.

SEITE 141
Zimmermann: Johann Friedrich Zimmermann (38), Freigärtner aus Jehser.

Wittwer: Johann Friedrich Wilhelm Wittwer (38), Müller aus Guhren.

SEITE 143
indische Inseln: Die Bezeichnung ist etwas irreführend, beleuchtet aber den Umstand, dass die Nordküste Australiens noch so gut wie unerforscht und der Zusammenhang mit der Inselwelt Hinterindiens wenig bekannt war.

SEITE 144
Naturforscher Menge: Johann Menge (1787—1852), deutscher Mineraloge und Naturforscher aus Hannover, der von der Süd-Australischen Compagnie als Geologe angestellt worden war. Er kam bereits 1836 mit den ersten Siedlern auf Kangaroo Island an.

SEITE 145
David McLaren: (1785—1850) Manager der Süd-Australischen Compagnie.

ein zweiter Naturforscher: Der Name dieses Forschers war nicht zu ermitteln. Die Durchquerung des australischen Kontinents von Süden nach Norden zum Carpentaria Golf glückte erst 1860/61 der Expedition von Robert O'Hara Burke und William John Wills, die jedoch bei der Rückkehr beide umkamen.

Hagel: In der Jägersprache Ausdruck für Schrot.

Muck oder Kumm: Norddeutsch für Tasse oder Becher.

... einen im Innern des Landes vermuteten See: Lake Torrens und Lake Eyre, die beide erst im Jahre 1840 von Edward Eyre erreicht wurden.

deutsche Missionare: Die deutsche lutherische Missionsgesellschaft in Dresden hatte auf Bitten von George F. Angas zwei Missionare nach Süd-Australien gesandt, Clamor Wilhelm Schürmann (1815 – 1893) und Christian Gottlieb Teichelmann (1807 – 1888).

Captain Blenkinsop: John William Dundas Blenkinsop (? – 1837), Kapitän eines Walfängerbootes in der Encounter Bay, südlich von Adelaide.

Opossumfelle: Obwohl die meisten Beuteltierarten nur in Australien leben, ist das Opossum gerade dasjenige Beuteltier, das nur in Amerika vorkommt. Die Engländer bezeichnen mit ‹opossum› allerdings auch einige Arten aus der Familie der Kletterbeutler (Unterfamilie Phalanger), z. B. den Fuchskusu, der in Süd-Australien verbreitet ist und wegen seines Pelzes geschätzt wird.

... ein kleiner, etwa 3 Fuss langer Stock: 3 Fuss = 91,5 cm. Es handelt sich um die für die australischen Eingeborenen charakteristische Speerschleuder, die schon von den Menschen der jüngeren Steinzeit verwendet wurde und als Indiz für die sehr alte Besiedlung Australiens angesehen wird.

Captain Barker: Collet Barker (1784? – 1831), Kapitän der ‹Isabella›. Er landete an der Rapid Bay und durchquerte das Land, um die Mündung des Murray River zu erforschen. Dabei wurde er 1831 von den Eingeborenen erschlagen. Diese «Mordgeschichte» war zu dem Zeitpunkt, als Kapitän Hahn sie erfuhr, also bereits acht Jahre alt. Nach ihm ist auch der Berg ‹Mount Barker› benannt.

... der Ansicht nach abzeichnen: Captain Barker wollte diese kleine Insel offensichtlich kartographieren, was auch die Mitnahme des Kompasses über den Fluss erklärt.

Gouverneur Gawler: Lieutenant-Colonel George Gawler, 2. Gouverneur von Adelaide und Süd-Australien. Er war erst kurz vorher (zusammen mit den deutschen Missionaren Schürmann und Teichelmann, vgl. Anm. S. 149) mit dem Schiff «Pestonjee Bomanjee» angekommen, das am 21. Mai 1838 London verliess und am 13. Oktober 1838 vor Port Adelaide vor Anker ging.

SEITE 157
Opossum: Vergleiche Anmerkung zu S. 152.

SEITE 158
Hiermit werde ich mich nun ...: Dieser Abschnitt ist in M2 nicht mehr enthalten. Er wurde aus der im Sylter Archiv vorhandenen Kopie von M1 übertragen.

SEITE 190
Nullmeridian : Grundsätzlich kann natürlich jeder Längengrad auf der Erde als ‹Nullmeridian› festgelegt werden, was bei einer Reihe von Staaten auch erfolgte, indem sie die Längengrade ihrer Hauptstädte als Nullmeridiane definierten. Für Geographen galt seit 1630 der Längengrad der Kanarischen Insel Ferro als Nullmeridian. In der Seefahrt hatte man sich allerdings schon früh darauf geeinigt, den Meridian der Londoner Sternwarte Greenwich als 0°-Meridian anzusehen. Aber erst im Jahre 1884 wurde diese Vereinbarung durch die Meridian-Konferenz von Washington als verbindlich für nautische und internationale Berechnungen bestimmt.

(F. R. H.)

Literaturhinweise

Albrecht, M. F. und Vierow, C. S.: Lehrbuch der Navigation und ihrer mathematischen Hilfswissenschaften für die Königlich Preussischen Navigationsschulen. Berlin: R. von Decker's Verlag, 1854; 10. Aufl. 1913.

Blaess, F. J. H. und Triebel, L. A. (übs.): Extracts from the Reminiscences of Captain Dirk Meinertz Hahn, 1838—1839. In: South Australiana, vol. III, Nr 2, September 1964, S. 97—134.

Brauer, A. E. R.: Under the Southern Cross. History of the Evangelical Lutheran Church of Australia. Adelaide: Lutheran Publishing House, 1956.

Hansen, Christian Peter: Das Nordseebad Westerland auf Sylt und dessen Bewohner. Garding: H. Lühr & Dircks, 1868.

Hodder, Edwin: George Fife Angas, Father and Founder of South Australia. London: Hodder & Stoughton, 1891.

Iwan, Wilhelm: Um des Glaubens Willen nach Australien. Eine Episode deutscher Auswanderung. Breslau: Verlag des Lutherischen Büchervereins, 1931.

Iwan, Wilhelm: Die Altlutherische Auswanderung um die Mitte des 19. Jahrhunderts. (2 Bände). Ludwigsburg: Eichhornverlag L. Kallenberg, 1943.

Kluge, Friedrich (Hrsg.): Seemannssprache. Wortgeschichtliches Handbuch deutscher Schifferausdrücke älterer und neuerer Zeit. Freiburg/Brsg. 1911; Repr.: Kassel: Hamecher Verlag, 1973.

Röding, Johann Heinrich: Allgemeines Wörterbuch der Marine. (4 Bände) Hamburg: Conrad Müller, 1794 ff. Repr.: Amsterdam, 1969.

Schneider, Konrad: Banco, Species und Courant. Untersuchungen zur hamburgischen Währung im 17. und 18. Jahrhundert. Koblenz: Numismatischer Verlag Forneck, 1986.

Schubert, David: Kavel's People. From Prussia to South Australia. Adelaide: Lutheran Publishing House, 1985.

Schurmann, Edwin A.: I'd rather dig potatoes. Clamor Schurmann and the Aborigines of South Australia. Adelaide: Lutheran Publishing House, 1987.

Zur Identifizierung von Namen und zu anderen Sacherklärungen wurden, soweit nicht gesondert vermerkt, darüberhinaus herangezogen:

Hamburger und Altonaer Adressbuch für 1838;
Kartei Altonaer Schiffe im Altonaer Museum;
Brockhaus' Konversations-Lexikon, 14. Auflage, 1893 ff.;
Encyclopedia Britannica, 14. Auflage, 1929 ff..

Bildnachweis

aus Schubert, David — Kavel's People: Umschlag, Seiten 160, 162, 166; aus S. T. Gill — The South Australian Years: Seiten 164, 174: aus John Tregenza — George French Angas: S. 175 (r); aus Historic Hahndorf (Prospekt): S. 175 (l); photographische Vorlagen zur Verfügung gestellt von Lee Kersten: Seiten 167 (o), 169, 171 (o), 173 (o), 176; Aufnahmen von L. I. Griffen: Seiten 167 (u), 171 (u), 173 (u); Zeichnung der Landkarten auf Vorsatz vorn und hinten sowie Segelriss S. 195: Richard Kirst.

Dank

Besonders danken wir für Unterstützung und wertvolle Hinweise: Dr. Boye Meyer-Friese, Schiffahrtsabteilung des Altonaer Museums in Hamburg; Werner Haselbach, Sylter Archiv Westerland; Ulrike Verdieck, Commerzbibliothek der Handelskammer Hamburg; The Mortlock Library of the State Library of South Australia.

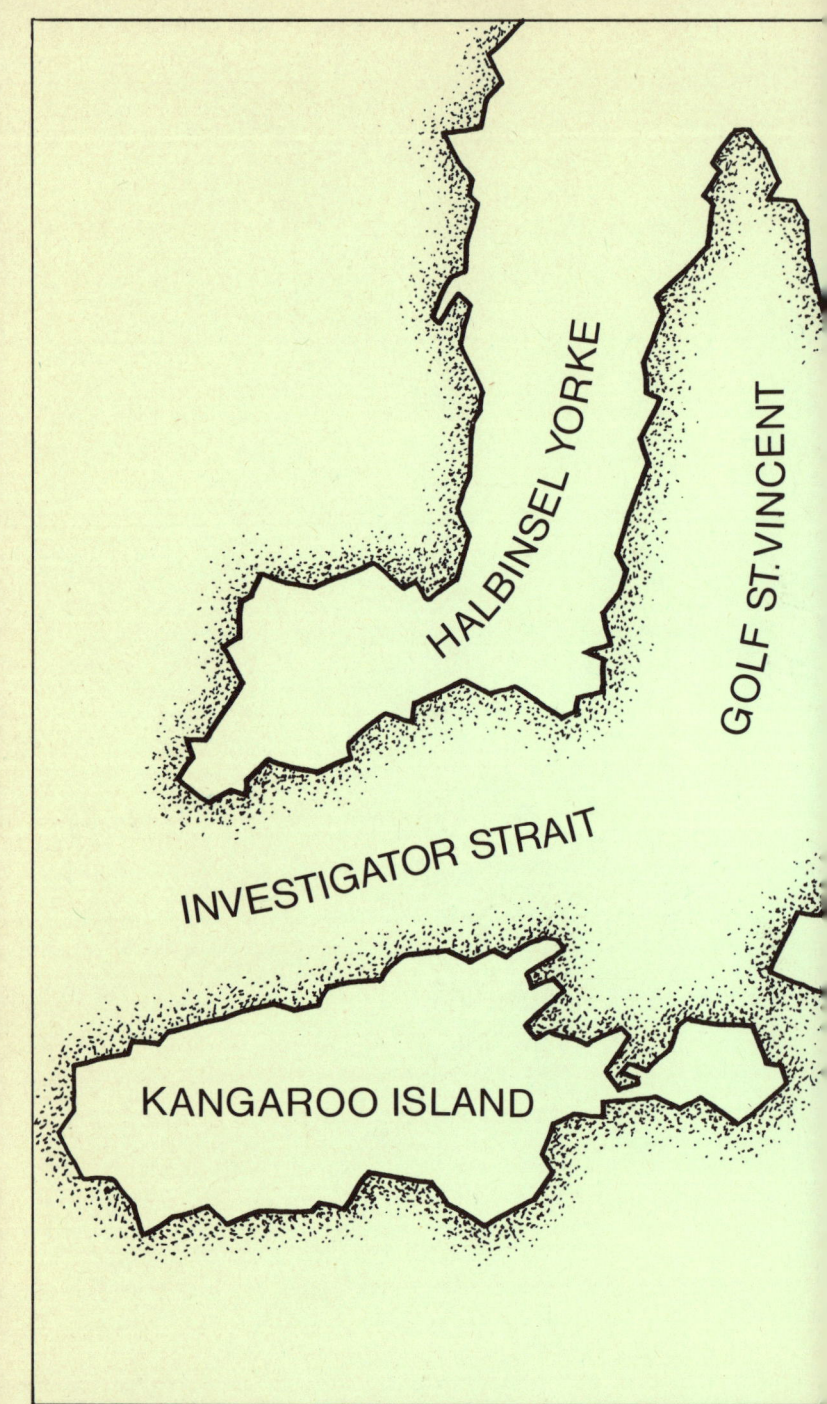